Kohlhammer

Christoph Perels

Dichterwege

Eine kleine Goethe-Biographie

Verlag W. Kohlhammer

Die Deutsche Bibliothek – CIP-Einheitsaufnahme

Perels, Christoph:
Dichterwege : eine kleine Goethe-Biographie / Christoph Perels. –
Stuttgart ; Berlin ; Köln : Kohlhammer, 1999
ISBN 3-17-015565-2

Umschlag: Unter Verwendung von Johann Heinrich Wilhelm Tischbeins
aquarellierter Zeichnung »Goethe am Fenster seiner römischen Wohnung«,
1787 (Freies Deutsches Hochstift/Frankfurter Goethe-Museum)
sowie von Ansichten von Goethes Elternhaus in Frankfurt am Main und
seines eigenen Hauses in Weimar.

Stuttgart Berlin Köln
Verlagsort: Stuttgart
Umschlag: Data Images GmbH
Gesamtherstellung:
W. Kohlhammer Druckerei GmbH + Co. Stuttgart
Printed in Germany

Inhalt

Erstes Kapitel

Kind einer freien Reichstadt

Als Johann Wolfgang Goethe im Herbst 1809 die Arbeit an seiner Autobiographie, an »Dichtung und Wahrheit«, aufnimmt, legt er ein »biographisches Schema« an, das, 1742 beginnend, für beinahe jedes Jahr einige wichtige Ereignisse festhält. Zu 1749 steht hier als einziger Eintrag: »geb. d. 28 Aug mit dem Schlage 12 Mittag«. Vorausgehen nur einige politische Daten wie die Krönung Kaiser Karls VII. 1742, sein Tod und die Krönung Kaiser Franz I. 1745, während als einzige Familiennachrichten die Ernennung des Vaters zum Kaiserlichen Rat 1742 und die Heirat der Eltern 1748 festgehalten sind.

Über die Herkunft der väterlichen Familie und ihren Stand hat sich Goethe nirgendwo ausführlicher geäußert, der Großvater Friedrich Georg Goethe war schon 1730 verstorben, die Großmutter Cornelia Goethe starb, als der Enkel Johann Wolfgang eben fünf Jahre alt war. Das in einem engen gotischen Haus der Frankfurter Innenstadt am Großen Hirschgraben geborene Kind gehörte der Herkunft nach einer Familie ohne namhafte Vorfahren an, wenn da nicht mütterlicherseits die in der Stadt hoch angesehene Akademiker- und Beamtenfamilie Textor hinzuträte. Die Statur des Großvaters Johann Wolfgang Textor hat sich nicht nur dem Enkel tief eingeprägt, er war ein Mann von hoher Bedeutung auch für die politischen Geschicke der Stadt zwischen 1730 und 1771.

Mit seinen 36.000 Einwohnern zählte Frankfurt am Main um 1750 zu den großen Städten im Heiligen Römischen Reich deutscher Nation. Starke Befestigungsanlagen umgaben die Kernstadt mit ihren etwa 3.000 Gebäuden und sechsundzwanzig Kirchen und Kapellen, die enge Bebauung ließ nur wenig Raum für größere Plätze wie den Römerberg, den Roßmarkt, den Paradeplatz und den Liebfrauenberg.

Der linksmainische Stadtteil Sachsenhausen war mit der Kernstadt durch die »Alte Brücke« verbunden, an zehn Toren auf der rechten, dreien auf der linken Mainseite wurde der Personen- und Warenverkehr in die Stadt hinein und aus der Stadt hinaus kontrolliert. Nur wenige größere Straßen durchschnitten, vom Gallustor, Bockenheimer Tor und Friedberger Tor herkommend, das Labyrinth der ungepflasterten, schlecht durchlüfteten und wenig Licht einlassenden engen Gassen. Nur zu den Wallanlagen hin gab es unbebautes, als Garten genutztes Land, Eigentum patrizischer Familien und – seltener – der reichen Handelshäuser. So hatte die Familie Goethe am Großen Hirschgraben nach Westen, zum Untermain- und Gallustor hin, noch eine unverbaute Aussicht, so daß der Mangel eines innerstädtischen Gartens wenigstens durch den Anblick fremder Gärten etwas gemildert wurde. Als Goethe, sechs Jahre alt, seine Heimatstadt auf eigene Faust zu erkunden begann, blieben ihm, neben dem Marktgetriebe, vor allem die Wehrbauten aus dem Mittelalter und der frühen Neuzeit im Gedächtnis. Die beiden architektonischen Wahrzeichen der Stadt, zugleich Ausdruck des alten Antagonismus von kaiserlicher Oberhoheit und städtischer Autonomie in Frankfurt am Main, waren damals wie heute der gotische Dom S. Bartholomäus und das mächtige Renaissance-Rathaus, der Römer. Auf Goethes Ansichten über Architektur blieben sie ohne Einfluß.

Frankfurt am Main, eine Stadt des Handels und des Handwerks, bezog sein Selbstbewußtsein aus seinem Status als freie Reichsstadt. Deren gab es zwar in Goethes Kindheit nicht weniger als einundfünfzig, aber Frankfurt genoß mit seiner Größe und seiner Wirtschaftskraft den Vorzug, weder von übermächtigen, begehrlichen Territorialherren bedroht zu sein, noch sich im Innern mit einem Bischof oder Erzbischof um Gerechtsame und Privilegien streiten zu müssen. Wenn man stritt, dann stritt man untereinander, und dem stadtbürgerlichen Selbstbewußtsein geschah dadurch kein Abbruch. Verpflichtet war man niemandem als dem Kaiser und dem Reich, und dies umso selbstverständlicher, als Frankfurt am Main im 18. Jahrhundert unbestritten Wahl- und Krönungsstadt des Kaisers war. Goethe selbst hat im Frühjahr 1764 die Krönung Joseph II. miterlebt und sie – allerdings aus einem Abstand von mehr als vierzig Jahren – in ihren zeremoniösen, zum Teil noch aus dem späten Mittelalter stammenden Ritualen beschrieben. Das Privileg stand für ihn nicht nur auf dem Papier, sondern war lebendige, mit wachem Bewußtsein aufgenommene Gegenwart.

Die alltägliche Stadtpolitik wurde nicht von solchen herausgehobenen Ereignissen bestimmt. Verfassungsmäßig verbürgten Anteil an den politischen Entscheidungen in der Stadt hatten nur die Einwohner lutherischen Bekenntnisses, und unter diesen dominierten wieder jene alten patrizischen Familien, die einst der Reformation in Frankfurt zum Sieg verholfen hatten. Katholiken, Reformierte und Juden genossen zwar Gerichts- und Nahrungsschutz, aber sie konnten weder Ratsherren werden noch politische Ämter bekleiden; die Juden lebten überdies in einem noch enger als die übrigen Stadtviertel bebauten Ghetto am östlichen Rand der Innenstadt.

Der Rat der Stadt gliederte sich in drei Bänke, aus deren erster, von den Patriziern beherrschter, der Ältere Bürgermeister, aus deren zweiter, überwiegend mit Akademikern und Kaufleuten, auch angesehenen Adelsfamilien besetzter, der nachgeordnete Jüngere Bürgermeister zu wählen waren. Die dritte Bank nahmen die Vertreter der mächtigsten Handwerkerzünfte ein. Die Familie Goethe war, wenn auch deutschen Ursprungs, nach dem Edikt von Fontainebleau 1686 aus Frankreich zugewandert, um hier unbehelligt ihres lutherischen Glaubens zu leben; ihr beträchtliches Vermögen hatte sie in Handwerk, Handel und Gastgewerbe erworben. Ein Onkel Johann Wolfgangs, der Zinngießermeister Hermann Jacob Goethe, saß seit 1747 im Rat der Stadt und gehörte der dritten Bank an.

Daß auch Johann Caspar Goethe, der Vater des Dichters, nicht ohne politischen Ehrgeiz war, jedoch nicht zum Zuge kam, darf als sicher gelten. Die aufstiegsorientierte Familie ließ dem am 31. Juli 1710 Geborenen eine sorgfältige Erziehung zuteil werden, er wurde der erste Akademiker unter den sonst in praktischen Berufen tätigen Goethes. Nach Studien in Gießen, Leipzig, am Reichskammergericht in Wetzlar und wiederum in Gießen wurde er mit einer für damalige Zeiten nicht unbedeutenden Dissertation zum Doktor der Rechte promoviert. Der nicht mehr ganz junge Jurist ging noch für ein weiteres Jahr zur Verbreiterung seiner Kenntnisse an den Ständigen Reichstag in Regensburg und an den Reichshofrat in Wien. Von dort aus trat er Ende 1739 seine große Bildungsreise an, die ihn über Venedig bis nach Rom und Neapel und auf dem Rückweg über Mailand und Paris nach Straßburg führte, wo er noch einmal für einige Monate Student wurde, bis er gegen Ende 1741 in seine Heimatstadt zurückkehrte. Damit war Johann Caspar Goethes lange Ausbildungszeit abgeschlossen, es galt nun, die Früchte einzufahren und sich in Frankfurt am Main eine Position zu schaffen. Sein Vater, der lange verstorbene Wirt des Weidenhofs, eines angesehenen Hotels nahe der Hauptwache an der Zeil, sollte nicht umsonst so viel in das Studium des Sohns gesteckt haben. Schon im Mai 1742 erwarb der inzwischen beinahe zweiunddreißigjährige Jurist den Titel eines Kaiserlichen Rats, ein Schritt, der zwar beruflich ohne Folgen blieb, gesellschaftlich in Frankfurt am Main aber doch seine Bedeutung hatte. Der Vater des Dichters trat damit neben die neun hohen städtischen Beamten, denen derselbe Titel kraft Amtes zukam. Als angesehener Privatier lebte Johann Caspar Goethe im Hause seiner verwitweten Mutter Cornelia Goethe am Großen Hirschgraben, verkehrte standesgemäß im Kreise ihm zum Teil schon aus Studienzeiten bekannter Ärzte, Anwälte und Beamten und begann, um sich herum eine seinen Neigungen entsprechende Bildungswelt aufzubauen. Als erstes legte er sich eine Sammlung alter Ratsprotokolle, Ratsverordnungen und sonstiger bedeutender Stadtdokumente in Abschriften zu, gewiß noch in der Absicht, sich für eine berufliche Tätigkeit im Dienst seiner Vaterstadt vorzubereiten. Die am Großen Hirschgraben zusammengebrachte Bibliothek umfaßte bei der Versteigerung zwölf Jahre nach dem Tod Johann Caspar Goethes 1691 Nummern, und sie war zu einem guten Teil eine juristische Fachbibliothek. Auch der Privatier Goethe hielt sich in der von ihm studierten Disziplin auf dem laufenden, so daß sich, als er später auch seinen Sohn zum Studium der Jurisprudenz bestimmte, im Elternhaus schon ein reiches Instrumentarium fand, um auf diesen Studienweg hinzuführen. Beinahe gleich stark waren hier aber auch schöne Literatur in den Originalsprachen und in Übersetzungen sowie einige wesentliche Werke zur bildenden Kunst vertreten. Der Zuschnitt der Bibliothek läßt überdies ein gesteigertes Interesse an Theologie und Religionsgeschichte erkennen, in großer Breite und Toleranz, woraus freilich keine Schlüsse auf den persönlichen, stets streng lutherisch orientierten Glauben des Hausherrn gezogen werden dürfen. Die Philosophie älterer und neuerer Zeit interessierte ihn weit weniger, Johann Caspar Goethe war kein spekulativer Kopf. Um 1750 stiegen die Ausgaben für pädagogische Literatur spürbar an, was seinen guten Grund hatte.

Denn im Jahre 1748 gelang dem privatisierenden Dr. jur. und Kaiserlichen Rat der bedeutendste Schritt zur Stabilisierung seiner Position unter den oberen Ständen der Stadt. Am 20. August heiratete er Catharina Elisabeth Textor, die siebzehn Jahre alte Tochter eines ebenfalls bürgerlichen Akademikers, eines Juristen, der es in eben diesem Jahr zum Stadtschultheiß, d.h. zum obersten Richter in der Stadt, gebracht hatte und der schon mit 38 Jahren Ratsherr geworden und 1738 und dann nochmals 1743 Älterer Bürgermeister gewesen war. Der wohlhabende Sproß aus der Handwerker- und Hotelierfamilie war nun mit der angesehensten Beamtenfamilie der Freien Reichsstadt verschwägert und hatte so im gesellschaftlichen Bereich erlangt, was ihm im beruflichen, aus welchen Gründen auch immer, verwehrt geblieben war. Nach Alter und Charakter war da ein sehr ungleiches Paar zusammengekommen, indessen sorgte ein anerzogenes Rollenverhalten und ein im ganzes höchst selbstbewußtes Temperament dafür, daß bei aller Spontaneität und jugendlicher Lebensfreude der jungen Frau doch nur wenige Anzeichen ernsterer Konflikte zwischen den Partnern überliefert sind. Catharina Elisabeth Goethe, am 19. Februar 1731 geboren, hätte gut die Tochter Johann Caspar Goethes sein können und stand dem Alter nach näher am ältesten Sohn als am Ehemann. In den ersten zwölf Ehejahren brachte sie sechs Kinder zur Welt, von denen nur Johann Wolfgang und die am 7. Dezember 1750 geborene Tochter Cornelia heranwuchsen, während die vier jüngeren Geschwister noch im Kindesalter starben. Catharina Elisabeth Goethe überlebte ihren Mann – er starb am 25. Mai 1782 – um sechsundzwanzig Jahre, nahm bis zu ihrem Tod am 13. September 1808 lebhaftesten Anteil am wachsenden Dichterruhm ihres Sohns und kostete ihre Rolle als Dichtermutter voll aus. Anders als ihrem Mann waren ihr, ungeachtet ihrer Theaterleidenschaft, Bildungsprätentionen völlig fremd, und ihre Briefe spiegeln in ihrer abenteuerlichen Orthographie die unverfälschte Frankfurter Mundart wider – ganz ähnlich wie die Briefe von Goethes Geliebter Christiane Vulpius das Thüringische; beide Frauen verstanden sich im übrigen gut, sie müssen vom Zusammenleben zwischen Frau und Mann ähnliche Vorstellungen gehabt haben.

Sehr wahrscheinlich differierten Goethes Eltern in Fragen der Mädchenerziehung. Johann Caspar Goethe ließ den Sohn und die Tochter in vielen Fächern zusammen unterrichten, und darüber mag die für Mädchen übliche hauswirtschaftliche Ausbildung Cornelias zu kurz gekommen sein. Jedenfalls hat Cornelias Ehemann später hier Defizite beklagt. Auch scheint es, Catharina Elisabeth Goethe hätte es lieber gesehen, wenn ihre Tochter freier und länger hätte Kind sein dürfen, anstatt schon in frühen Jahren unter die strenge Anleitung des Vaters oder der Hauslehrer zu geraten. Am Beginn seines Singspiels »Erwin und Elmire« läßt Goethe eine Mutter solche Erziehungsmaximen gegen eine vom Vater nach neuerer »Lebensart« erzogene und unglückliche Tochter ins Feld führen. »Gewiß! die besten, die ich unter unserm Geschlecht habe kennen gelernt, waren eben die, auf deren Erziehung man am wenigstens gewendet hatte.«

Bis Goethe Frankfurt verließ, um sein Studium aufzunehmen, und dann wieder in den Zeiten, die der Dichter bis zu Heirat und Übersiedlung der Schwester nach Emmendingen im November 1773 in Frankfurt verbrachte, war Cornelia wohl die engste Vertraute des Bruders. Mit ihm gemeinsam unter den strengen Blicken des Vaters zu lernen, war erträglich, denn gemeinschaftlich erkämpften und hüteten sie auch ihre heimlichen Freiräume. Umso stärker litt Cornelia, wenn Goethe auswärts studierte, der Vater wurde ihr mehr und mehr verhaßt. Hochbegabt wie der Bruder und in ihrem herben Charakter dem Vater ähnlich, blieb sie auf Johann Wolfgang als Spiel- und Gesprächspartner angewiesen; später war sie es, die mit kaum geringerer Konsequenz als der Vater den Bruder drängte, seine poetischen Einfälle schriftlich zu fixieren – denn sie war das erste Publikum seiner frühen dichterischen Phantasien.

Die Bildung, die der Vater den Kindern anbot, war reich. Es begann für Johann Wolfgang schon 1752 mit dem Leseunterricht in einer Spielschule, im Jahr 1755/56 wurde er in eine öffentliche Schule geschickt, vom Herbst 1756 an begann ein intensiver häuslicher Fremdsprachenunterricht, so daß der Sohn, als er die Universität bezog, Kenntnisse in Latein, Griechisch und Französisch, in Italienisch, Englisch, Hebräisch und Jiddisch aufzuweisen hatte; besonders gründlich waren die alten Sprachen und Französisch behandelt worden. Einige erhaltene Schulhefte aus den Jahren 1757 bis 1759 weisen Übungen in Latein und Griechisch sowie elementare Erläuterungen zum hebräischen Alphabet auf. Mit neun Jahren erhielt Goethe Unterricht im Zeichnen, wobei der Vater auf größter Sorgfalt bestand; zwei Jahre später kam ein kalligraphischer Schreibunterricht hinzu, besonders wichtig in einer Epoche, wo eine »gute Hand zu schreiben« Voraussetzung war für jede Karriere in einem akademischen Beruf. Bis ins höchste Alter blieb Goethes Schrift von gleichmäßiger Klarheit und Großzügigkeit. Verhältnismäßig spät erst, ab Mai 1763, erhielt der Junge Klavierunterricht, erreichte darin aber niemals das hohe Niveau seiner Schwester. Kurz vor dem Aufbruch zum Studium in Leipzig rundeten Fechtunterricht und Reitunterricht die zuhause vermittelte Bildung ab.

Neben dem formellen Unterricht bot das Haus am Großen Hirschgraben aber noch zahlreiche weitere Bildungschancen. Außer der reichen Bibliothek sammelte Johann Caspar Goethe Gemälde, und zwar nur solche von lebenden Frankfurter Malern. Der Sohn hatte frühzeitige Gelegenheit, den Vater in Ateliers und zu Auktionen zu begleiten. Des weiteren gab es eine Naturaliensammlung im Haus, über deren Bestand leider nichts genaueres bekannt ist, wie überhaupt, dem Schulwesen der Epoche entsprechend, ein systematischer naturkundlicher Unterricht noch fehlte. Intensiver wurden europäische Geschichts- und Landeskunde betrieben, und vor allem Italien dürfte dem Knaben dank der besonderen Vorliebe des Vaters für dieses Land und dank des reichen Anschauungsmaterials im Hause früh eine vertraute Region gewesen sein. 1760 setzte der Italienisch-Unterricht ein, vermutlich 1762 begann der Vater seinen »Viaggio per l'Italia«, den italienischsprachigen Bericht über seine Reise von 1740, zu verfassen, gewiß nicht, ohne Johann Wolfgang an seinen erinnerten Beobachtungen und Urteilen teilnehmen zu lassen. Eine Grundlage naturkundlichen Wissens dürfte sich der junge Goethe außer durch Lektüre und durch den Verkehr mit den Arztfamilien Johann Philipp Burggrave und Johann Christian Senckenberg sowie mit Johann Friedrich von Uffenbach, dessen breitgestreute Interessen sich vor allem auf Natur und Technik richteten, über praktischen Arbeiten erworben haben, sei es durch die Mitarbeit in den zwei Gärten der Familie Goethe vor den Toren der Stadt, sei es bei vom Vater unternommenen Experimenten wie der Seidenraupenzucht im Hause.

Zum Weihnachtsfest 1753 schenkte die Großmutter Cornelia Goethe den Kindern ein Puppentheater. Als etwas älteres Kind hat Johann Wolfgang es selbst bespielt und sich die dramatischen Szenen dafür aus der in der häuslichen Bibliothek vorzufindenden schönen Literatur herausgezogen. Schon wenige Jahre später, während des Siebenjährigen Krieges, hielt sich zur Unterhaltung der vielfach die Stadt passierenden französischen Truppen ein Theaterensemble aus Frankreich in der Stadt auf, dessen Vorführungen der Knabe fleißig besuchte, auch wenn er von den Stücken noch nicht viel verstanden haben mag.

Zwei Phasen in Goethes Kindheit heben sich besonders hervor. Nach dem Tode der Großmutter Cornelia Goethe am 26. März 1754 bereitete der Hausherr den Umbau seines Domizils am Großen Hirschgraben vor, den er schon länger geplant hatte und der zwischen April 1755 und Januar 1756 zügig durchgeführt wurde. Mehr als alles, was er sonst hinterlassen hat, geben Johann Caspar Goethes Bauentscheidungen Auskunft über sein Wesen. Jetzt entstand des Dichters Elternhaus, wie es bis 1794 bestanden hat und wie es heute in annähernder Rekonstruktion vor Augen steht. Zwanzig Jahre lang bildete es in dieser Gestalt den Lebensmittelpunkt auch Johann Wolfgang Goethes. Keineswegs ordnete der Bauherr alles rationaler Zweckmäßigkeit unter, mindestens ebenso sehr kam es ihm auf Klarheit der Raumaufteilung und auf Repräsentation an, die einen sparsamen Umgang mit Flächen und mit Zierrat nicht kennt. Eine großzügige Treppenanlage vom Erdgeschoß bis zum dritten Obergeschoß verbindet die Etagen, in ihrem unteren Drittel in Stein ausgeführt und mit einem schmiedeeisernen Geländer versehen, in das der Vater seine und der Mutter Initialen JCG und CEG einarbeiten ließ, während der Schlußstein des Kellergewölbes die Initialen des ältesten Sohns JWG erhielt. Das Erdgeschoß nehmen Küche, Speisezimmer, Empfangszimmer und der breite Treppensockel in Anspruch; im ersten Obergeschoß liegt das mit einer reichen Stuckdecke gezierte Repräsentationszimmer des Hauses, wegen der chinesischen Tapeten-Motive und der ebenfalls der China-Mode des 18. Jahrhunderts folgenden Gestaltung des Ofens das »Peking« genannt und von zwei kleineren Nebenzimmern flankiert. Im zweiten Obergeschoß brachte der Hausherr seine Sammlungen unter, insbesondere die Bibliothek und das Gemälde-Kabinett. Die kleineren Zimmer des dritten Obergeschosses dürften vorwiegend den Kindern und dem Personal gedient haben. Ein Raum im ersten Obergeschoß des Westflügels nahm die Instrumente auf und war der der Hausmusik zugewiesene Ort. Diese klare Raumordnung ließ genügend Spiel auch zu gelegentlich notwendigen Neudispositionen; sie hatte freilich den Nachteil, daß im Fall der Vermietung, wie er öfter vorkam, die Wohnparteien sich kaum von einander separieren konnten. Repräsentationsbedürfnis und Zweckmäßigkeit treten hier in Widerspruch zueinander. Weitere kleine demonstrative Akzente wie die Sandsteinstufen zum Haupteingang und das Familienwappen über der kunstvoll gestalteten Haustür verraten, daß der wohlhabende Privatier denn doch zu dem ihm verschlossen gebliebenen Römer und zu den Schwiegereltern in der Friedberger Gasse hinüber sein Selbstwertgefühl sichtbar werden lassen wollte. Es überwog freilich das Bedürfnis, innerhalb eines altertümlichen und beengten Wohnquartiers nach Möglichkeit Eltern und Kindern Licht und Raum für ein auf solide Bildung und Erziehung gestelltes alltägliches Familienleben zu schaffen. Und das leistete der Umbau in der Tat. Für den jungen Johann Wolfgang bedeutete die Umbauzeit eine Epoche verminderter Aufsicht und größerer Freiheit, und das Kind scheint sie weidlich genutzt und sich mit Gleichaltrigen in der Stadt herumgetrieben zu haben. In der Rückschau von »Dichtung und Wahrheit« sind daraus dann Erkundungsstreifzüge durch die Vaterstadt geworden, erste Schritte über den engeren Raum des Hauses und der unmittelbaren Nachbarschaft hinaus.

Die zweite Phase umfaßt die Jahre 1759 bis 1761, als die Familie mit dem Grafen de Thoranc den höchsten Zivilbeamten des französischen Truppenkontingents in Frankfurt am Main als Einquartierung bei sich aufnehmen mußte. Selbstverständlich stand die Krönungsstadt im Siebenjährigen Krieg, standen zumal die Textors als führende Stadtpolitiker auf Seiten von Kaiser und Reich gegen den König von Preußen. Anders freilich Johann Caspar Goethe, der in erneuter Demonstration seiner bürgerlichen Unabhängigkeit aus seiner Verehrung für Friedrich II. von Preußen kein Hehl machte und darüber sowohl mit den Schwiegereltern als auch mit seinem ungebetenen Logiergast hart aneinander geriet, so daß die Mutter, zwischen ihrem Mann und ihren Eltern stehend, all ihr diplomatisches Geschick aufbieten mußte, um eine Verhaftung Johann Caspar Goethes zu verhindern. Die Niederlage eines preußischen Armeecorps in der Schlacht bei Bergen vor den Toren Frankfurts am 13. April 1759 gab den Anstoß zu einem Streit im Hause, den der Neunjährige zu verarbeiten hatte. Obwohl er wie seinem Vater auch sich selbst damals »fritzische Gesinnung« zuschrieb und auch sein späterer Dienstherr Herzog Carl August von Sachsen-Weimar den ihm nahe verwandten König hoch verehrte, blieb der Dichter doch Zeit seines Lebens gegenüber Preußen und seiner Politik recht distanziert. Seinem zunehmend aufs Universale gerichteten Denken mußte die im alten Reich noch schattenhaft präsente Vorstellung vom Orbis Romanus näher liegen als ein allemal partikulares preußisches Fürsteninteresse, das sich nur auf militärische Macht stützte.

Brachten der Siebenjährige Krieg und die Anwesenheit des Grafen de Thoranc im Hause – immerhin länger als zwei Jahre – das Kind erstmals in Berührung mit der großen Politik und ihrem Konfliktpotential (es soll bei den sonntäglichen Mittagessen bei den Großeltern Textor beinahe zu handgreiflichen Szenen gekommen sein), so lernte es

doch auch aus nächster Nähe einen hoch respektablen Vertreter französischer Kultur und Lebensart kennen. Denn der Graf de Thoranc hat nicht nur korrekt und nüchtern seines Amtes als Schlichter und Richter bei Streitigkeiten zwischen Soldaten und Bürgern gewaltet, sondern schon von den ersten Tagen seines Aufenthaltes am Großen Hirschgraben an, angeregt durch Johann Caspar Goethes Gemäldesammlung, intensiven Kontakt mit den Frankfurter Malern wie Hirt, Schütz, Trautmann, Juncker und Nothnagel und auch mit Johann Caspar Goethes Freund, dem Darmstädter Hofmaler Johann Conrad Seekatz, gepflegt und ihnen große Aufträge zur künstlerischen Ausstattung seines Schlosses bei Grasse in der Provence erteilt. Zeitweise wurde im dritten Obergeschoß des Hauses dafür sogar ein eigenes Atelier eingerichtet, in dem Seekatz unter den Augen des Auftraggebers und des jungen Goethe malte. Das Verhältnis des Vaters zum Grafen blieb gespannt, während die Mutter, Cornelia und Johann Wolfgang zu ihm Vertrauen gewann, und zumal die Kinder dank seines Umgangs und seiner Verbindungen wohl so viel lernten, wie bei der ständigen Unruhe und dem Kommen und Gehen im Hause an striktem Unterricht unter der Anleitung des Vaters verloren ging.
Vor allem eine Vervollkommnung in Französisch und die frühzeitige gründliche Kenntnis französischer Bühnenliteratur und Schauspielkunst waren für Goethe der besondere Gewinn jener Jahre. Auch wenn der Vater keineswegs mit allem einverstanden sein konnte, was der Sohn unter fremdem Einfluß betrieb, so ist doch erkennbar, daß er ein klares Bewußtsein von der hohen Begabung seines Ältesten hatte. Er ließ sich mehr als einmal davon überzeugen, daß der Sohn sich nicht verzettelte, sondern auch sein informelles Lernen gute Ergebnisse zeitigte. Obwohl Johann Caspar Goethe vom Theater, und gar vom französischen, nicht viel hielt, hat er dem Sohn doch nicht verboten, von den Freikarten, die der Großvater Textor beschaffte, häufigen Gebrauch zu machen.
Im Mai 1761 ging Graf de Thoranc nach Frankreich zurück, und Anfang 1763 zogen die Franzosen aus Frankfurt ab. In Stadt und Haus kehrte wieder Ruhe ein. Die kurze, aber intensive Berührung mit der westeuropäischen Moderne war zu Ende, und bei der Wahl und Krö-

nung Josephs II. im April 1764 erstrahlten die reichsstädtischen Regularien und Rituale wieder ganz in ihrem alten Glanz. Allerdings hatte Frankfurt neben dem Privileg der Wahl- und Krönungsstadt anderen freien Reichsstädten noch ein weiteres voraus, gewissermaßen einen institutionalisierten ständigen Zustrom an Modernität, eine jährliche Ausnahmezeit mit befristeten Ausnahmerechten, und das waren die regelmäßigen Frühjahrs- und Herbstmessen, jedenfalls in Friedenszeiten. Der mit ihnen verbundene europaweite Handel schloß die politisch und in ihrer Sozialstruktur sonst so traditionsverhaftete Stadt an ein internationales Kommunikationsnetz an, wie es außer den großen Hafenstädten Bremen, Hamburg und Lübeck sonst kaum eine der selbständigen freien Reichsstädte und auch kaum eine der bedeutenderen Residenzen kannte. Das öffentliche Leben im Gemeinwesen endete nicht an den Stadtmauern. Mit der Messe strömten nicht nur neue Waren, sondern auch neue Moden, neue Kenntnisse, neue Ideen in die Stadt, zahlreiche Fremde, darunter auch bedeutende Persönlichkeiten, stiegen in den Gasthäusern ab. Der Handel ging nicht in einem abgetrennten Messegelände vor sich, sondern in Verkaufsbuden entlang den Straßenzügen, Wochen, in denen die Neugierde der Kinder reichliche Befriedigung fand. Mochte dem kindlichen Blick das Neue auch mehr oder weniger ein Kuriosum sein, es vermehrte doch den Bestand an Kenntnissen und Erfahrungen. Goethe erinnerte sich später, wie er auf der Messe »unter Raritäten, Zauber- und Taschenspielerkünsten« eine Elektrisiermaschine ausfindig gemacht habe und so verifizieren konnte, was er theoretisch über Elektrizität wußte. Da in Messezeiten auch sonst in der Stadt nicht zugelassene Gewerbe ihren Einzug hielten, begegneten den Kindern frühzeitig schlichtere Formen der Schaustellerei, der Akrobatik und des Theaters. So ist nicht auszuschließen, daß Goethe den Faust-Stoff noch vor seiner Studentenzeit als Stück einer Puppenspielertruppe kennengelernt hat.

Goethe hat später die im Elternhaus erhaltene Bildung als zerfahren und oberflächlich beurteilt: vieles, aber nichts gründlich. Herder, der fünf Jahre ältere Freund, warf dem Jüngeren sein »spechtisches« Wesen vor: einer, der überall ein wenig klopft und pickt, ohne eine Sache sich wirklich zu erarbeiten. Schaut man genauer hin, so bestätigt sich dieser Eindruck nicht. Das Fundament in Johann Caspar Goethes Lehrprogramm für seinen Sohn bildeten die Kernfächer der alten Lateinschulen und Gymnasien in den lutherischen Territorien und Städten. Im fortgeschrittenen Jahrhundert der Aufklärung erweiterte der Vater jedoch den Fächerkanon vor allem um die neueren Sprachen, um Zeichnen und Musik, während die Kenntnisse in Natur- und Realienkunde zwar bei der praktischen Veranlagung des Vaters nicht ganz fehlten, aber unsystematisch und zufällig blieben. Darum hat Goethe später an der Universität und im Selbststudium gerade diese Lücken zu schließen versucht.

Zweites Kapitel

»Im mehr als fürstlichen Studentenstand«

Mit sechzehn Jahren, im zeitüblichen Alter, verließ Goethe sein Elternhaus, um an der Universität Leipzig Jurisprudenz zu studieren. Den äußeren Daten nach handelte der Sohn noch völlig unter der Lenkung des Vaters. Wie dieser studierte er drei Jahre in Leipzig, wie dieser verbrachte er einen Teil des Studiums in Straßburg, wie dieser ging er anschließend an das Reichskammergericht in Wetzlar. Nur Gießen, wo der Vater ebenfalls studiert und schließlich promoviert hatte, wurde ausgelassen, wohl weil die Universität des Landgrafentums Hessen-Darmstadt im Ruf besonders verwilderter Sitten stand. Auch die Wahl des Studienfaches hatte der Vater dem Sohn nicht freigestellt, sondern, ohne großen Widerstand zu finden, die Rechtswissenschaften als seine eigene Disziplin auch für Johann Wolfgang ausersehen.

Während der drei Leipziger Studienjahre, vom Wintersemester 1765/66 bis zum Sommersemester 1768, scheint der Sohn weder ein einziges Mal nach Hause gereist noch vom Vater besucht worden zu sein. Zwölf, zum Teil umfangreiche Briefe an die Schwester Cornelia, aber kein einziger an die Eltern und kein einziger von den Eltern sind erhalten, so daß wir über die Art und Weise, wie von Frankfurt aus das Studium des Sohns begleitet und vielleicht auch gesteuert wurde, fast nichts wissen. Vermutlich hat Goethe bei dem großen Autodafé, das er 1797 unter seinen Korrespondenzen abhielt, die entsprechenden Zeugnisse vernichtet. Es ist recht wahrscheinlich, daß der Vater, der in den Jahren zuvor ein strenges Auge auf Johann Wolfgangs Bildung hatte, den Studenten nicht ganz sich selbst überließ. Ob seine Einflußversuche aus der Ferne Erfolg hatten, steht auf einem anderen Blatt.

Goethe machte die Reise von Frankfurt nach Leipzig – sie dauerte drei Tage – in Begleitung von Bekannten der Familie. Empfehlungsbriefe des Vaters führten ihn bei verschiedenen Professoren ein, und die erste Studienberatung erhielt der angehende Student bei dem Staatsrechtler Johann Gottlob Böhme, bei dem er dann auch im Wintersemester 1765/66 ein Colleg über die Geschichte der Staaten absolvierte. Außerdem belegte er auf Anraten Böhmes römisches Zivilrecht und Philosophie. Auf eigenen Wunsch und mit zögernder Zustimmung seines Mentors hörte er eine Vorlesung über Literaturgeschichte bei dem in ganz Deutschland hochverehrten Christian Fürchtegott Gellert, dem Fabeldichter, der auch als ein Meister der Briefprosa galt und der mit Leichtigkeit alle seine Schüler bis hin nach St. Petersburg als Hauslehrer plazierte. In Leipzig lehrte auch der durch seine Editionen antiker Autoren berühmte Altphilologe Johann August Ernesti, der Jurastudent ging in seine Vorlesung über Ciceros »Der Redner«. Die angebotene Philosophie fand er bald trivial, in der Juristerei brachte er so viele Vorkenntnisse von Hause mit, daß er sich unterfordert fühlte und Mitteilungen über das Studium in den Pflichtfächern bald ganz versickerten.

Aber Leipzig, das war für Goethe nicht der beliebige Ort, an dem ein Studiencurriculum abzuarbeiten war. Es war eine neue Welt, und zwar eine, die der junge Frankfurter weitgehend auf eigene Hand zu bewältigen hatte. Alles war anders, sogar die Sprache: hochdeutsch und sächsisch, anstatt des gewohnten Mainfränkischen. Man kleidete und trug sich modern, das heißt, in Anlehnung an die Pariser Mode. Der Stil in den geselligen Kreisen hatte die altfränkischen Formen hinter sich gelassen, und man folgte einem Natürlichkeitsideal, das wiederum selbst der Einübung bedurfte. Die damit verbundenen Anpassungsschwierigkeiten half die Frau des Professors Böhme überwinden. Zum Glück mangelte es dem Neuankömmling nicht an Geld, und er lernte schnell, änderte Kleidung, Frisur und Habitus und übertrieb es wohl auch mit der Anpassung. Aus dieser Leipziger Studienzeit sind die ersten Urteile von Beobachtern Goethes überliefert, und sie lauten überwiegend abschätzig und befremdet: ein Narr, ein Geck, ein Schwätzer. Auf manchen wirkte er abstoßend, auf andere nur lächerlich. Kein Zweifel: Goethe, ohne die Anleitung eines Hofmeisters und ohne den Rat guter Freunde, hatte Mühe, sich in das Leipziger Studentendasein hineinzufinden. Aber er gab nicht auf, er biß sich durch, wenn auch nicht, ohne viel Lehrgeld zu zahlen. Das eigentliche Fachstudium, für das er von Anfang an wenig Interesse gezeigt hatte, blieb dabei allerdings auf der Strecke. Goethe hätte ohnehin lieber Philologie studiert und wäre gern von Leipzig an die damals modernere und für ihre Philologen berühmte Universität Göttingen gewechselt; beidem widersetzte sich der Vater.

»Im mehr als fürstlichen Studentenstand«: in der Tat, die Studenten genossen zwischen den Jahren strenger Schulzucht und dem Übertritt ins Berufsleben verbürgte Privilegien und selbstergriffene Freiheiten, wie sie keiner anderen Bevölkerungsgruppe im 18. Jahrhundert zugebilligt waren. Die Wendung stammt von dem auch von Goethe in der Leipziger Zeit sehr verehrten Dichter Friedrich von Hagedorn, und Hagedorn gebraucht sie gegenüber einem jungen Mann, der eben die Universität Leipzig verlassen hat und, eingepfercht in ungewohnte Berufspflichten, nostalgisch auf seine Studienzeit zurückblickt. Auch der junge Student Goethe machte von den gewährten Freiheiten reichlichen Gebrauch und holte sich an anderem Ort, was er in der juristischen Fakultät oder überhaupt an der Universität nicht finden konnte. Was an Gerüchten über sein Leipziger Leben nach Frankfurt am Main drang und was an Mahnungen von dort zurückkam, wischte er zunächst einmal beiseite. Nach Abschluß des ersten Semesters erhielt er Besuch aus Frankfurt, sein späterer Schwager Johann Georg Schlosser kam um Ostern 1766 nach Leipzig, wohl auch mit dem Auftrag des Vaters, Johann Wolfgangs Lebensführung genauer in Augenschein zu nehmen.

Was hatte Goethe in den abgelaufenen sechs Monaten getrieben? Er hatte sich in das blühende Kulturleben der Stadt gestürzt, hatte im Theater die neuesten Stücke von Lessing und Christian Felix Weiße gesehen, hatte Opern und Singspiele gehört und die Sängerin Corona Schröter erlebt, die er zehn Jahre später an das Weimarer Theater holen wird. Er hatte engere Beziehungen zu den Buchhändlern und Verlegern Philipp Erasmus Reich und Johann Gottlob Immanuel Breitkopf aufgenommen – beim Sohn des letzteren erschien dann 1770 seine erste Buchpublikation. Er hatte noch im Dezember 1765 die Kunstakademie auf der Pleißenburg besucht und sich wenig später bei deren Direktor Adam Friedrich Oeser zum Unterricht im Zeichnen angemeldet. Aber er sollte bei Oeser weit mehr lernen, denn hier wurde er mit den großen kunsttheoretischen Debatten der Zeit und mit den Schriften Johann Joachim Winckelmanns und Lessings vertraut. Auch die Beziehung zu Oeser, die nicht nur den Meister, sondern die ganze Familie und besonders auch die Tochter Friederike umfaßte, erhielt sich bis weit in Goethes Weimarer Zeit. Die Ansätze naturkundlichen Wissens, die Goethe aus Frankfurt mitgebracht haben mochte, erhielten neue Nahrung durch regelmäßige Kontakte zu Naturwissenschaftlern und Ärzten. Goethe begegnete ihnen beim Professor für Botanik und Medizin Christian Gottlieb Ludwig, wo er mehrmals in der Woche seinen Mittagstisch hatte. So wurde er als aufmerksamer Zuhörer mit den Erkenntnissen von George Louis Buffon, Albrecht von Haller und von Carl Linné bekannt. Auch an seinem späteren Studienort Straßburg ist der Dichter mehr mit Medizinern als mit Juristen umgegangen und hat an praktischen Übungen in Anatomie und Chirurgie teilgenommen. Spätestens in Leipzig wurde dieses das ganze Leben über anhaltende Interesse geweckt. Der angehende Dichter allerdings hatte in seinem ersten Leipziger Semester herbe Kritik einstecken und erkennen müssen, daß das, was in Frankfurt am Main noch ein nachsichtig-freundliches Publikum im Familienkreis finden mochte, weit hinter dem Stand der damals in Deutschland schon seit zwanzig Jahren modernen Poesie zurückblieb. Christian Fürchtegott Gellert zerpflückte seinen Prosastil, und seinen Gelegenheitsgedichten erging es unter der korrigierenden Feder des Professors der Philosophie Christian August Clodius nicht besser. Aber Goethe lernte schnell, und schon ein Jahr später, im März 1767, parodierte er selbst den mit griechischen und römischen Namen reich dekorierten dichterischen Stil seines Kritikers Clodius.

Gemeinsam mit Schlosser machte Goethe einen Besuch bei Professor Johann Christoph Gottsched, einem bereits seit fünfzehn Jahren recht verblaßten Licht der philosophischen Fakultät, nach Statur und Habit

eine barocke Gestalt, deren Auftritt Goethe später in »Dichtung und Wahrheit« beinahe lustspielhaft gestaltet: wie die Gäste ihn durch ein Mißgeschick des Dieners mit kahlem Kopf zu Gesicht bekommen und er gleichzeitig mit der einen Hand die Allongeperücke aufs Haupt setzt und »mit seiner rechten Tatze dem armen Menschen eine Ohrfeige«, gab, »so daß dieser ... sich zur Tür hinaus wirbelte, worauf der ansehnliche Altvater uns ganz gravitätisch zu sitzen nötigte und einen ziemlich langen Diskurs mit gutem Anstand durchführte«.
Gleichaltrige Studienfreunde hat Goethe im ersten Semester noch nicht gefunden, wohl aber von Ostern 1766 an; und ohne daß er es wissen konnte, hat Johann Georg Schlosser ihm dazu verholfen. Schlosser nämlich wurde zum ungewollten Vermittler sowohl der engeren Freundschaften des Dichters als auch der ersten tiefgehenden Liebesleidenschaft, indem er Goethe mit der Familie Schönkopf bekannt machte und ihn an deren studentischen Mittagstisch zog. Goethe verliebte sich in die drei Jahre ältere Tochter des Hauses, Anna Katharina Schönkopf, eine Beziehung, die immerhin zwei Jahre anhielt, und die sich das Mädchen wohl eher mit Charme und Liebreiz gefallen ließ, als daß sie Goethes Neigung mit gleicher Intensität erwidert hätte. Goethes Schwätzer- und Stutzertum erhielt nun einen neuen Sinn: es wurde zu einer Maskerade der Anpassung, hinter der sich das Liebesgeheimnis verbergen ließ. Denn während die, wie beide wußten, aussichtslose Liebe zu Käthchen Schönkopf loderte, machte Goethe öffentlich einer anderen Leipziger Schönen den Hof und galt in den akademischen Kreisen, die er frequentierte, als ein närrischer Liebhaber.
Es zeigt sich hier erstmals ein Charakteristikum Goethescher Lebensführung: er bemühte sich immer, und oft mit Erfolg, seine wahren Leidenschaften mit Diskretion zu umhüllen: was wußte Johann Gottfried Herder im Winter 1770/71 von Goethes Liebe zu Friederike Brion? Was wußten Goethes römische Künstlerfreunde von seiner Beziehung zu einer jungen verwitweten Römerin im Winter 1787/88? Und immerhin gelang es ihm 1788/89 in dem kleinen Weimar mehrere Monate lang, seine Verbindung mit Christiane Vulpius geheimzuhalten. Auch die Leipziger Dichtungen Goethes geben allenfalls ei-

nen vermittelten Eindruck von seiner Liebe zu Käthchen. Denn sie machen sich rasch und meisterlich die Formen und Redeweisen der Rokokodichtung zueigen, eine Rollenpoesie im anakreontischen und bukolischen Genre. Einzig das Schäferspiel »Die Laune des Verliebten« läßt in den Gefühlsverwirrungen des Liebhabers indirekt einiges von der seelischen Verfassung des Dichters erkennen. Die im Buch »Annette« gesammelten Gedichte folgen so sehr den literarischen Konventionen, daß eine biographische Lektüre hier keinen Anhaltspunkt findet. Formvollendet realisieren sie ein sinnlich-zärtliches Rokoko, verbleiben dabei aber ganz innerhalb der überlieferten Rollenmuster.

Am Mittagstisch im Schönkopfschen Hause fand Goethe schließlich auch seinen künftigen Leipziger Freundeskreis: den Jurastudenten Christian Gottfried Hermann, einen jüngeren Bruder des Dichters Friedrich Wilhelm Zachariä – durch ihn lernte Goethe in der Ostermesse 1767 den Dichter kennen, den er hoch schätzte und an dessen Stil er sich orientierte – und insbesondere Ernst Wolfgang Behrisch, der, schon achtundzwanzig Jahre alt und kein Student mehr, beträchtlichen Einfluß auf Goethe literarische Entwicklung in Leipzig gewann. Als Behrisch im Herbst 1767 sein Amt als Hofmeister des Grafen Lindenau verlor und zur Aufnahme einer neuen Tätigkeit nach Dessau übersiedelte, trat sein Nachfolger in der Hofmeisterstelle beim Grafen Lindenau, der Theologe und spätere Bibliothekar an der Herzog August Bibliothek zu Wolfenbüttel, Ernst Theodor Langer, in Goethes Freundeskreis ein. Ohne daß sie zu Lebensfreundschaften geworden wären, überdauerten diese Kontakte doch die Leipziger Studienzeit; vor allem die Bedeutung von Behrisch für seine Entwicklung hat Goethe auch später noch sehr hoch eingeschätzt und sogar 1818 aus dessen Nachlaß seine Briefe und Gedichte zurückerworben und aufbewahrt. Behrisch, der auf eine ironische Distanz sowohl zum Universitätsbetrieb als auch zum Kulturbetrieb in Leipzig bedacht war und nichts vom Druckenlassen hielt, fertigte ein mit Vignetten verziertes kalligraphisches Manuskript von Goethes Gedichtfolge »Annette« an, und auch für Goethes Schwester in Frankfurt erstellte er eine kleine handschriftliche Auswahl. Bei Behrischs

Abschied aus Leipzig dichtete Goethe für ihn die drei »Oden an meinen Freund«, die im hohen Ton der moralischen Ode und mit Anklängen an Friedrich Gottlieb Klopstock den Zorn und auch die innere Zerrissenheit ihres Verfassers angesichts der nicht zuletzt durch Engherzigkeit, Mißdeutungen und Verleumdungen erzwungenen Trennung zum Ausdruck bringen. Goethe verzichtet auf den Reim und nähert sich vorsichtig den freien Rhythmen seiner späteren Sturm und Drang-Hymnen, bleibt aber durchgängig bei vierzeiligen Strophen.

Gegen Ende seines fünften Semesters im Winterhalbjahr 1767/68 unternimmt der Student die erste selbständige Reise seines Lebens und fährt Ende Februar für zwölf Tage nach Dresden. Bezeichnenderweise ist diese Reise eine Kunstreise. Vermutlich durch Oesers Vermittlung lernt der Achtzehnjährige den Leiter der sächsischen Kunstsammlungen und Aufseher über die Kunstakademien in Dresden und Leipzig, Christian Ludwig von Hagedorn, den jüngeren Bruder des Hamburger Dichters, kennen und darf dessen Privatsammlung besichtigen. Er besucht die Antikensammlung, der Johann Joachim Winckelmann zehn Jahre zuvor so bedeutende Anregungen zu verdanken hatte, und verbringt viele Stunden in der Gemäldegalerie. Den von Kindheit an von der unter den Frankfurter Malern gepflegten niederländischen Tradition geprägten jungen Mann beeindruckt vor allem die niederländische Abteilung der königlichen Sammlung, während die Malerei der italienischen Renaissance, in Dresden nicht weniger prominent vertreten, vorerst ohne erkennbare Wirkung bleibt. In diesen ersten Monaten des Jahres 1768 nimmt Goethe neben dem Zeichenunterricht auch Unterricht in der Technik des Radierens und lernt eine Reihe privater Leipziger Kunstsammlungen kennen.

Der Abschied von Leipzig steht unter keinem guten Stern. Zwar bringt er die Beziehung zu Käthchen Schönkopf ehrlich zu Ende und erhält sich ihre Freundschaft. Friederike Oeser bekommt eine handschriftliche Sammlung von zehn der besten Gedichte, mit Vertonungen, die wahrscheinlich von Bernhard Theodor Breitkopf stammen. Man erwartete im Sommer 1768 den Besuch Winckelmanns in

Deutschland, auch in Leipzig; im Juni traf die Nachricht von seiner Ermordung ein. Goethe selbst erlitt Ende Juli eine schwere gesundheitliche Krise, einen Blutsturz und eine gefährliche Lungenerkrankung. Den Schwerkranken pflegten die Freunde Langer und Hermann, bis er an seinem neunzehnten Geburtstag, am 28. August 1768, die Heimreise nach Frankfurt antreten konnte.
Weder Goethe noch sein Vater konnten mit dem Ergebnis dieser Leipziger Jahre zufrieden sein. Der Vater mußte wahrnehmen, daß für eine erfolgreiche Juristenkarriere so gut wie nichts geschehen war, und der Sohn mußte sich sagen, daß er als Dichter noch kaum die allerersten Schritte getan hatte. Er wußte nun zwar, daß es sich an Christoph Martin Wieland, an Lessing, an Klopstock zu orientieren galt und daß er für die bildende Kunst bei Winckelmann und Oeser Maßstäbe gewonnen hatte und weiter gewinnen konnte. Doch als ausübender Künstler hatte er so gut wie nichts vorzuweisen. Wieland hatte mit achtzehn, Lessing mit neunzehn Jahren schon Aufsehen erregt. Von einem baldigen Künstlerruhm Goethes ist 1768 noch nichts zu vernehmen.
Zu Hause begann eine unerquickliche Zeit. Die Rekonvaleszenz zog sich zwei Jahre hin, unterbrochen von mehrfachen Rückfällen. Das Verhältnis zum Vater blieb gespannt, zumal der im Fachstudium Gescheiterte keineswegs in Sack und Asche ging, im Gegenteil: er erlaubte es sich, seine neugewonnenen Leipziger Einsichten dem, was man in Frankfurt bewährt und richtig fand, entgegenzuhalten. Rechte ungetrübte Freude über Johann Wolfgangs Rückkehr hat nur Cornelia empfunden. Sie tat das nicht aus uneigennütziger Bruderliebe, sie hatte vielmehr wieder einen Verbündeten gegen den strengen Geist des Vaters neben sich.
Unter diesen wenig erfreulichen Auspizien bahnten sich gleichwohl neue Entwicklungen an, insbesondere in drei Richtungen. In Leipzig hatte schon Ernst Theodor Langer den Studenten auf die neuen Formen persönlicher Frömmigkeit in den verschiedenen pietistischen Richtungen der Epoche aufmerksam gemacht. Jetzt lernte Goethe in Susanna Katharina von Klettenberg eine überzeugte und andere überzeugende Anhängerin der Herrnhuter Brüdergemeinde kennen,

und auch die Mutter Catharina Elisabeth Goethe zeigte sich solchen Strömungen gegenüber aufgeschlossen. Nicht eben zur Freude des am orthodoxen Luthertum festhaltenden Vaters fanden im Haus am Großen Hirschgraben pietistische Andachten statt, im September 1769 besuchte der junge Goethe gar eine Herrnhuter Synode in der Wetterau. Goethe wurde letztlich zwar kein Pietist; er fand hier aber doch eine Ermutigung, zwischen einem atheistischen Materialismus der radikalen französischen Aufklärer und einem erstarrten formalen Kirchenchristentum, das er in des Pietisten Gottfried Arnold »Unpartheyischer Kirchen- und Ketzerhistorie« harsch kritisiert fand, zu seiner eigenen Religiosität zu finden.
Im Selbststudium setzte Goethe seine in Leipzig begonnene naturkundliche Lektüre fort, insbesondere in den Gebieten Medizin und Chemie, und befaßte sich dabei auch mit Schriften, die pansophische und alchemistische Geheimlehren überlieferten.
Schließlich führte er das in Leipzig in der Poesie und in der bildenden Kunst Begonnene weiter fort. Im Herbst 1769 kamen in Leipzig anonym die »Neuen Lieder in Melodien gesetzt von Bernhard Theodor Breitkopf« heraus, der erste Druck einer Gedichtsammlung von Goethe. Noch während seines Studiums hatte der Dichter die Uraufführung von Lessings »Minna von Barnhelm« gesehen. Jetzt, im November 1768, beginnt er selbst mit der Arbeit an einem Lustspiel »Die Mitschuldigen«, die er im Sommer und Herbst des folgenden Jahres mit einer dreiaktigen Fassung abschließt. Es ist das früheste Schauspiel, das Goethe – nach mannigfachen weiteren Überarbeitungen – für wert befand, gedruckt zu werden, allerdings erst 1787. Außer diesem Stück und der »Laune des Verliebten« hat er alle frühen dramatischen Versuche teils schon in Leipzig, teils später in Frankfurt verbrannt. Auch von seiner Krankenstube aus wahrte Goethe den Kontakt zur jüngsten deutschen Literatur, las und kritisierte poetische, dichtungstheoretische und kunsttheoretische Neuerscheinungen, befaßte sich mit Lessings »Laokoon« und Herders »Kritischen Wäldern« und unterhielt substantielle Korrespondenzen mit Adam Friedrich Oeser und Friederike Oeser, mit Langer und Philipp Erasmus Reich. Ende 1769 war er soweit wiederhergestellt, daß klei-

nere Reisen möglich wurden. Eine davon führte ihn nach Mannheim, zum neu errichteten Antikensaal des Kurfürsten Karl Theodor. Unter den Gipsabgüssen sah er hier wohl zum ersten Mal die Laokoon-Gruppe, die im Mittelpunkt der kunsttheoretischen Auseinandersetzung zwischen Winckelmann und Lessing stand und zu der sich Goethe viel später in seiner hochklassischen Zeit noch selbst äußern wird.

Aber nun, nach der Gesundung, mußte es auch mit dem »bürgerlichen« Weg irgendwie weitergehen. Auch Goethe selbst drängte aus dem elterlichen Haus hinaus. Im Frühjahr 1770 ging er für drei weitere Semester an die Universität Straßburg, um dort das Jura-Studium formell, möglichst mit einem Doktorexamen, abzuschließen.

Straßburg, obwohl von Goethe mehr akzeptierter als erwünschter Studienort, brachte gleichwohl eine entscheidende Wende. Merkwürdig war zunächst der Verlauf des Fachstudiums. Nach einem Semester bereits, im September 1770, bestand Goethe das Vorexamen, womit er vom Besuch der Lehrveranstaltungen entbunden war und sich ganz der Abfassung einer schriftlichen Examensarbeit widmen konnte. Das sollte nach dem Wunsch des Vaters eine Doktorarbeit sein, und Goethe verfaßte auch eine, die zwar nicht erhalten ist, aber nach dem, was man vom Inhalt weiß, ein Thema aus dem Bereich des Staats- und Kirchenrechts behandelte. Sie suchte nach einer Rechtsform, die der privaten Frömmigkeit jeden Spielraum ließ, aber den öffentlichen Kult einheitlich und staatlich sowohl verordnet wie garantiert wünschte: Offenbar waren hier Reflexionen aus der Berührung mit Susanna Katharina von Klettenberg und aus der Lektüre von Arnolds »Kirchen- und Ketzerhistorie« eingegangen. Goethes Arbeit dürfte ein leider verlorenes Zeugnis für die den staatlichen und den gesellschaftlichen Zusammenhalt gefährdende Glaubenskrise um 1770 gewesen sein. Auf Anraten des Dekans der Straßburger juristischen Fakultät wurde die Abhandlung, die spätestens an der staatlichen Zensur gescheitert wäre, gar nicht erst eingereicht; sie muß viel Sprengstoff enthalten haben, denn nach Ansicht des Straßburger Theologieprofessors Elias Stöber hätte ihre Annahme zur Entlassung der juristischen Professoren geführt. Goethe begnügte

sich daraufhin damit, mit der Formulierung und Verteidigung 56 juristischer Thesen den Grad eines Lizenziaten zu erwerben. Dem Vater reichte das freilich nicht, und er hoffte, der Sohn würde später mit dieser Arbeit doch noch promovieren. Aber dazu kam es nicht mehr.
In Straßburg fand Goethe rasch Anschluß an gleichaltrige Kommilitonen, unter denen der Theologe Franz Christian Lerse, die Mediziner Johann Heinrich Jung-Stilling und Friedrich Leopold Weyland und die Juristen Heinrich Leopold Wagner und Johann Konrad Engelbach die wichtigsten sind. Im Sommer 1771 kam Jakob Michael Reinhold Lenz hinzu. Immerhin vier von ihnen, Lerse, Jung-Stilling, Wagner und Lenz, sollten sich später auch schriftstellerischen Ruhm erwerben. Väterlicher Mentor dieser Gruppe war der 47jährige Jurist Johann Daniel Salzmann, der zusammen mit den Jüngeren den gemeinsamen Mittagstisch bildete. Wie schon in Leipzig nutzte Goethe seine Freiheit zu den vielfältigsten Aktivitäten, vor allem zur Erkundung des Landesausbaus und der frühindustriellen Einrichtungen, der Reste römischer Ruinen im Elsaß und der bedeutenderen Städte und Baudenkmäler. Im Norden gelangte er dabei bis Saarbrücken, im Süden bis in die Gegend von Colmar. Im Unterschied zu den früheren Semestern steht nun das Interesse an Realien, an Bergbau, Hüttenindustrie, Landwirtschaft und Geologie im Vordergrund. Der Empiriker Goethe tritt erstmals erkennbar auf den Plan.
Aller daraus erwachsene Gewinn an Weltkenntnis und Wissen wird jedoch überragt durch die Begegnung mit Johann Gottfried Herder. Die Impulse, die Goethe im Straßburger Winter durch den Umgang mit dem fünf Jahre Älteren erhielt, führten nicht nur zu einer engen, mitunter krisenreichen lebenslangen Verbindung, sondern wirkten auch in Goethes dichterischem Werk bis in die Spätzeit nach. Herders intuitives und intellektuelles Vermögen öffnete Goethe die Augen für geistige Welten, die dem Jüngeren bis dahin kaum mehr als Buchwissen gewesen waren. Insbesondere Homer und Shakespeare sowie die damals noch nicht als Fälschungen erkannten altkeltischen Gedichte Ossians standen im Mittelpunkt gemeinsamer Lektüre und gemeinsamer Gespräche. Jetzt lernte Goethe das Charakteristische und Individuelle der verschiedenen historischen Erscheinungen in Poesie und

Kunst kennen und schätzen, an die Stelle von Regeln und normsetzenden Mustern trat das Vertrauen in den individuellen Künstlergenius und in die Kraft des eigenen künstlerischen Ausdrucks. Herder arbeitete damals gerade an der Abhandlung »Über den Ursprung der Sprache«, die implizit auch eine anthropologische Grundlegung der expressiven Dichtungssprache des Sturm und Drang enthält. Er sammelte Material zu dem 1773 veröffentlichten Werk »Älteste Urkunde des Menschengeschlechts«, das Poesie, religiöse Offenbarung und ursprüngliche Natur in den Texten des alten Testaments ergründet – und damit auch eine Antwort auf so manche die Jüngeren beunruhigende religiöse Frage verspricht –, und er machte Goethe auf den Wert anonymer und mitunter nur mündlich überlieferter Volkspoesie aufmerksam. Im Sommer 1771 sammelt Goethe für Herder im Elsaß Volkslieder, von denen einige später in Herders »Stimmen der Völker in Liedern« eingingen. Gleichzeitig entwickelt er nun seinen eigenen volksliednahen Lyrikstil, dem wir unter anderem »Heidenröslein« und »Der König in Thule« verdanken. Mit Herders an der konkreten Geschichte orientiertem theoretischen Rüstzeug erschließt sich Goethe auch die gotische Baukunst des Straßburger Münsters, insbesondere der Erwin von Steinbach zuzuschreibenden Münster-Fassade, von der der Dichter als dem »hocherhabnen, weitverbreiteten Baume Gottes« spricht. Mit Herder findet Goethe den Ausgangspunkt der Kunst nicht in der Nachahmung der Natur, sondern in der bildenden, ewig schaffenden Natur selbst. Dank Goethes damals entstandener Abhandlung »Von deutscher Baukunst« kam es zu einer Wiederentdeckung der Gotik, die bis über die Mitte des 19. Jahrhunderts nachwirkt. Ohne Herders stimulierenden Einfluß sind weder der im Winter 1771/72 entstandene »Götz von Berlichingen« noch die Szenenfolge des »Urfaust«, weder Goethes Liedpoesie der Sturm und Drang-Zeit noch die an Pindar orientierten großen Hymnen zwischen 1772 und 1774 zu denken. Goethes bei Oeser in Leipzig erworbene klassizistische Schulung tritt vorerst ganz in den Hintergrund. Sie verschwindet allerdings nicht völlig. Vielmehr erwirbt der Dichter durch den Besuch altrömischer Zeugnisse draußen im Lande und in der musealen Sammlung des Straßburger Gelehrten Johann Daniel Schöpflin zum Winckelmannschen theoretischen und historischen Horizont ein zwar noch schmales, aber doch ausbaufähiges archäologisches Fundament. Im April 1770, noch vor der Begegnung mit Herder, sieht Goethe die anläßlich des Durchzugs der habsburgischen Prinzessin Marie-Antoinette gezeigten Teppiche und Kartons nach Raffael, und insbesondere »Die Schule von Athen« erregt seine höchste Bewunderung. Erstmals meldet sich nun der gewiß schon vom Vater erweckte Wunsch, nach Italien zu reisen. Dazu wird es schließlich sechzehn Jahre später kommen.

In ihrer Bedeutung nicht weniger hoch einzuschätzen als die Begegnung mit Herder ist die mit Friederike Brion, der achtzehnjährigen Pfarrerstochter in Sesenheim, etwa dreißig Kilometer nördlich von Straßburg. Goethe lernte sie im Oktober 1770 kennen, und ungeachtet der Leidenschaft für Käthchen Schönkopf war sie Goethes erste große und tiefe Liebe, eine Liebe, die auf eine kaum minder tiefe Gegenliebe traf. Die wenigen Dokumente, die von dieser Beziehung Zeugnis ablegen, machen es wahrscheinlich, daß Friederike sich mit vollem Recht verlobt glauben durfte und daß Goethe mit seiner Heimreise am 14. August 1771 das Verlöbnis gebrochen hat. Erst acht Jahre später, im September 1779, hat der Dichter die Verlassene wieder besucht, und wenn es zu einer Aussöhnung gekommen ist, so hat doch weder Goethe sein Schuldgefühl noch Friederike ihre Resignation jemals ganz überwunden. Obwohl auch später noch mancher um sie warb, darunter Jakob Michael Reinold Lenz, blieb sie unverheiratet, und die Überlieferung, sie habe Ende der achtziger Jahre einen unehelichen Sohn geboren, steht auf schwachen Füßen. Goethe hat alle Spuren nach Möglichkeit verwischt, und wenn etwas in seiner Autobiographie mehr Dichtung als Wahrheit ist, dann die Darstellung des Sesenheimer Idylls nach dem Muster von Goldsmith's »Landpriester von Wakefield«. Die durch Friederike veranlaßten Gedichte »Maifest« und »Willkommen und Abschied« zeigen Goethe erstmals auf der Höhe seiner Meisterschaft und entwerfen Szenarien wechselseitigen Einverständnisses in Glück und Schmerz, während »Mit einem gemalten Band« eine Werbung jenseits eines unverbindlichen Rollenspiels ausspricht – Rahel Varnhagen hat es später geradezu als Eheversprechen interpretiert – und »Heidenröslein« die Macht, ja Gewalttätigkeit des Triebes in eine anmutige Volksliedtopik hüllt.

Auf der Rückreise nach Frankfurt am Main besucht Goethe ein zweites Mal den Mannheimer Antikensaal, später wird er sich für sein Zimmer daheim Abgüsse des Laokoon-Kopfes und eines Niobe-Kopfes beschaffen, selbst in den bewegtesten Sturm und Drang-Zeiten hält sich das lebendige Interesse an der Antike durch. Am 28. August 1771 stellt er beim Rat der Stadt den Antrag auf Zulassung zur Advokatur, die ihm drei Tage später auch erteilt wird, wiederum drei Tage später, am 3. September, leistet der Dichter den Frankfurter Bürgereid, und er wird zugleich als Anwalt vereidigt. Der Vater kann halbwegs zufrieden sein, und ein bürgerliches Dasein könnte beginnen.

Drittes Kapitel

»Entschließe Dich, so will ich sagen, du bist ein ganzer Kerl«

Mit diesen Worten versucht Carlos, der Freund in Goethes 1774 entstandenem Schauspiel »Clavigo«, den Helden dazu zu bewegen, sich endlich zwischen einer glänzenden Karriere als Schriftsteller und Diplomat und einem im Wirkungskreis beschränkten glücklichen Leben an der Seite einer liebenswürdigen Frau zu entscheiden. Nicht unähnlich stellt sich Goethes Leben in Frankfurt zwischen 1772 und 1775 dar: auf der einen Seite die ordentlich, aber lustlos betriebene Anwaltstätigkeit, auf der anderen Seite der wachsende Ruhm als Dichter. Auf der einen Seite die Einfügung in den Kurialstil des Gerichtswesens, auf der anderen Seite die hochemotionale, kraftvolle Erzählprosa des »Werther«. Auf der einen Seite das Leben im elterlichen Haus, in dem der Vater das Sagen hat, auf der anderen Seite ein literarisches Echo in ganz Deutschland, lustvoll geführte Kontroversen und dichterische Herzensbündnisse, Besuche bedeutender Männer am Großen Hirschgraben, denen der Jurist Goethe nichts, der Verfasser des »Götz«, des »Werther«, der hinreißenden Hymnen alles ist. In Frankfurt selbst, der Handels- und Handwerkerstadt ohne Universität, ohne Traditionen der Bildung und Gelehrsamkeit, ohne einen kulturellen Mittelpunkt und ohne ein bedeutendes Verlagswesen blieb der Dichter Goethe fast ohne Echo. Eine stadtpolitische Karriere aber war dem Juristen weder möglich, da er im Fach nichts aufzuweisen hatte, zu jung war und an den Textorschen Verwandten mit älteren Rechten und Verdiensten nicht vorbeikam, noch erstrebenswert, da ungeachtet aller Traditionen und Verbindungen ins Reich hinein ein gestalterisches Wirken kaum vorstellbar, ein bloß treues Verwalten in vorgezeichneten Bahnen aber gewiß nicht Goethes Sache war. Die vier Frankfurter Jahre nach Abschluß des Studiums mußten eine Epoche des Experimentierens mit den eigenen Lebenschancen bleiben, und diese Experimente kristallisieren in Texten der Glücks- wie der Krisenerfahrung.

Der erste Stoff, den Goethe nach der Heimkehr durcharbeitet, gestaltet sich zur Tragödie, dem »Götz von Berlichingen«, zum Drama, »in dem das Eigentümliche unseres Ichs, die prätendierte Freiheit unseres Wollens, mit dem notwendigen Gang des Ganzen zusammenstößt«, wie der Dichter in einer Rede zum Shakespearetag im Oktober 1771, während der Arbeit am »Götz«, formuliert. Zugleich liefert er in dem Stück eine Abrechnung mit dem Römischen Recht und seinen freiheitsbeschränkenden Regelungen, wie er sie selbst im Studium hatte erlernen müssen. Im selben Winter 1771/1772 findet in Frankfurt der Strafprozeß gegen die Kindsmörderin Susanna Margaretha Brandt statt, der mit der Enthauptung der Delinquentin am 14. Januar 1772 endete – der wichtigste Anstoß zur Gretchen-Tragödie, die Goethe dem ihn schon länger bewegenden »Faust«-Stoff integrierte. In diesen Monaten ist erneut die Schwester Cornelia eine der engsten Gesprächspartnerinnen, die den dichtenden Bruder anhält, das, was er ihr gegenüber so eloquent mündlich entwickelt, auch wirklich zu Papier zu bringen. Herder hatte Ende April 1771 die Eltern und die Schwester des Studenten kennengelernt, und es ist nicht unwahrscheinlich, daß das Wort des Theologen und renommierten Literaturkritikers den Vater beruhigt und bewogen hat, den dichterischen Ambitionen des Sohns keine Steine in den Weg zu legen. Überhaupt lernen Johann Caspar, Catharina Elisabeth und Cornelia Goethe jetzt und in den folgenden Jahren eine ganze Reihe von Freunden und Bekannten Goethes kennen, das Haus am Großen Hirschgraben öffnet sich freundschaftlich der jüngeren Dichtergeneration.

Zunächst, in den ersten Monaten des Jahres 1772, gewinnt Goethe Kontakt zum Kreis literarisch interessierter Frauen und Männer um den landgräflichen Beamten Johann Heinrich Merck in Darmstadt. Die über Johann Georg Schlosser vermittelte Verbindung zu Merck, anfangs vom gemeinsamen Engagement für die jüngere deutsche Literatur getragen, weitet sich später auch auf die bildende Kunst aus, denn Merck wird zu einem der wichtigsten Agenten in der Erwerbung von Kunstwerken für Herzog Carl August von Sachsen-Weimar. Erst als Merck Goethes politische Tätigkeiten in Weimar kritisch zu glossieren begann, trübte sich das Verhältnis, ohne daß es zu einem förmlichen Bruch gekommen wäre. Mit der Zäsur von Goethes Italienreise 1786 bis 1788 erloschen die gemeinsamen, zuletzt mehr im Naturwissenschaftlichen liegenden Interessen und damit auch die schon spärlich gewordene Korrespondenz. In Goethes letzten Frankfurter Jahren aber gehörte Merck zu den engsten Freunden und Ratgebern des jungen Dichters.

Sorgsam pflegte Goethe die Verbindung zu Herder, der im abgelegenen Bückeburg als Konsistorialrat und Hofprediger wirkte, dessen Braut Caroline Flachsland aber noch bis zur Heirat im Mai 1773 dem Kreis um Merck, dem Kreis der Darmstädter Empfindsamen, angehörte. Es war dies eine Gruppe von Frauen und Männern am Hof der Landgräfin Caroline und in Bad Homburg, die in ihrer Freizeit in gemeinsamer Lektüre und gemeinsamem Naturgenuß einen zärtlich-geselligen, jedoch völlig erotikfernen Umgangsstil miteinander pflegte. Der junge Goethe, in seinen literaturkritischen Positionen den Darmstädter Empfindsamen mehrere Jahre sehr nahe, verharrte zu ihrem empfindsamen Treiben jedoch in freundschaftlicher Distanz und hat es gelegentlich auch in dichterischer Laune auf den Arm genommen. Er teilte ihren Enthusiasmus für Klopstock, Ossian und auch Shakespeare – und mit wem in Frankfurt am Main hätte er solche Neigungen teilen können?

Merck zog Goethe alsbald in ein Gemeinschaftsunternehmen hinein, das er mit den Darmstädter und Gießener Freunden, mit Herder in Bückeburg und Johann Georg Schlosser auf den Weg brachte: das Rezensionsorgan »Frankfurter gelehrte Anzeigen« des Jahrgangs 1772. Kurz bevor Goethe als Dichter des Sturm und Drang öffentlich hervortritt, ist er anonym als Kritiker schon an dessen wichtigster programmatisch-polemischer Publikation beteiligt. Vom März bis Dezember des Jahres erscheinen hier, unsigniert wie damals üblich, neunundzwanzig von Goethe ganz oder teilweise verfaßte Rezensionen, in denen er mitunter ganz direkt gegen das jeweils zu rezensierende Buch seine eigenen Positionen formuliert: Er verlangt von einem bläßlichen Lyriker »markige Natur unsrer Altervater«, vom berühmten Idyllendichter Salomon Geßner statt porzellanener Rokoko-Schäferinnen Gestalten mit realistischem Kontur und die Verschmelzungen von Empfindungen, Szenerien und Handlungen, statt konventioneller Flirt-Gedichte die Darstellung emphatisch-begeisterter Liebe zwischen Jüngling und Mädchen; schon taucht auch, gegen die damals gängige Theorie von der Nachahmung der »schönen« Natur, eine neue Poetik der kraftvollen Individualität auf: »Was wir von Natur sehn, ist Kraft, die Kraft verschlingt nichts gegenwärtig alles vorübergehend, tausend Keime zertreten jeden Augenblick tausend geboren, groß und bedeutend, mannigfaltig ins Unendliche, schön und häßlich, gut und bös, alles mit gleichem Rechte nebeneinander existierend. Und die K u n s t ist gerade das Widerspiel, sie entspringt aus den Bemühungen des Individuums, sich gegen die zerstörende Kraft des Ganzen zu erhalten« – die Kraft der eigenen Künstlernatur, ihr eigenes Gesetz, gegen das der übrigen Natur in die Waagschale zu werfen und im Kunstwerk Dauer zu gewinnen.

Ende 1772 und Anfang 1773 erscheinen dann unter Mercks tätiger Mithilfe, noch ohne Verfassernamen, die seit der Rückkehr aus Straßburg entstandenen schriftstellerischen Werke, die wichtigsten, die rhapsodische Hommage an das Künstlergenie Erwin von Steinbach »Von deutscher Baukunst« und das dramatische Geschichtsfresko aus der Reformationszeit »Götz von Berlichingen«. In zwei theologischen Traktaten dürften sich einige Grundpositionen der ungedruckt gebliebenen Doktorarbeit widerspiegeln. Freilich war in diesem Jahr 1772 noch mehr geschehen, als das gedruckte Oeuvre ausweist; denn Goethe lag nicht sonderlich am Gedrucktwerden, vielmehr hatte er das Bedürfnis, in einem ihm persönlich bekannten, sympathisierenden Freundeskreis, in einer Hörer- und Lesergemeinde sein Publikum zu finden. Auch die frühen Drucke sind Privatdrucke, weder mental noch materiell war Goethe auf den Buchmarkt angewiesen. Es entstehen die großen lyrisch-dramatischen Fragmente eines »Mahomet« und eines »Prometheus«, neben dem »Götz« und den frühesten »Faust«-Szenen Dichtungen um die übergroßen Gestalten eines religiösen und eines künstlerischen Genies. Auch die bis in die frühen Weimarer Jahre anhaltende Hymnen-Dichtung setzt 1772 ein mit »Wanderers Sturmlied« und »Der Wandrer«, denen sich in der Folgezeit »Mahomets Gesang«, »Prometheus«, »Ganymed« und »An Schwager Kronos« anreihen. Goethe hat in seiner Frankfurter Zeit keine weitere Gedichtsammlung in Druck gegeben, sondern nur einige Texte Herausgebern, denen er vertraute, zum anonymen Abdruck überlassen: Heinrich Christian Boie für den »Göttinger Musenalmanach« auf das Jahr 1774, Matthias Claudius für den »Wandsbecker Boten«, Johann Georg Jacobi für seine Zeitschrift »Iris«. Jacobi erhielt die drei schönsten Gedichte aus der Zeit mit Friederike Brion »Maifest«, »Willkommen und Abschied«, »Mit einem gemalten Band«, Boie unter anderem die Hymnen »Der Wandrer« und »Mahomets Gesang«, Claudius einige polemische Kurzgedichte und drei der im Elsaß gesammelten Volkslieder. Alle in den letzten Jahren im Elternhaus entstandenen Gedichte zeichnen sich durch eine bis dahin in der deutschen Lyrik unbekannte Kraft des Gefühlsausdrucks aus, vor allem aber sprengen die Hymnen mit ihren dynamischen freien Rhythmen, ihrem expressiven Satzbau und ihrer Sinn und Gefühl zusammenballenden Bildlichkeit jeden konventionellen Rahmen bürgerlicher Vorstellungen und tradierter Sprachkunst. In ihnen findet der Sturm und Drang zu seiner höchsten dichterischen Verwirklichung.

Im Mai 1772 geht Goethe für vier Monate als Praktikant an das Reichskammergericht in Wetzlar, »ein drittes akademisches Leben« nach Leipzig und Straßburg, wie Goethe rückblickend feststellte. Und es wiederholt sich auch die Aufteilung des Lebens in drei voneinander gesonderte Bereiche: die juristische Arbeit am Gericht, die intensive Auseinandersetzung mit Literatur und Kunst und die vielen Tage und Stunden im Kreis der Familie des Amtmanns des Deutschen Ordens, Heinrich Adam Buff. Hier erlebte Goethe die an Mutterstelle wirkende Tochter Charlotte, neunzehn Jahre alt und verlobt mit dem Legationssekretär Johann Christian Kestner, den sie im Jahr darauf heiratete. Goethe verliebte sich heftig in sie, in ihr Wesen und kaum weniger in ihr hauswirtschaftliches und mütterliches Wirken in der Verantwortung für die neun jüngeren Geschwister, deren jüngstes erst fünf Jahre alt war.

Unter den jüngeren Juristen lernt der Frankfurter Advokat und Literaturkritiker einige literarisch aufgeschlossene wie die ebenfalls schriftstellerisch tätigen Siegfried August von Goué und Friedrich Wilhelm Gotter, ferner den späteren preußischen Kanzler Karl August von Hardenberg und schließlich auch den Sohn des in Deutschland weithin berühmten Braunschweiger Hofpredigers Johann Friedrich Wilhelm Jerusalem, Karl Wilhelm Jerusalem, kennen, dem er schon flüchtig in Leipzig begegnet war. In diesen Wetzlarer Monaten treibt Goethe ausgiebige Pindar- und Homer-Lektüre, liest Lessings »Emilia Galotti« und Herders »Fragmente über die neuere deutsche Literatur« und übersetzt im Wettstreit mit Gotter englische Poesie, wie er schon in Straßburg im Wettstreit mit Herder sich an Übersetzungen Ossians versucht hatte. Zu Jerusalem entwickelte sich kein näheres Verhältnis: »Er war zu unserer Zeit in Leipzig und ein Geck. Jetzt ist er noch außerdem Frankfurter Zeitungsschreiber«, berichtet Jerusalem abfällig nach Braunschweig.

Goethe ist schon wieder in Frankfurt am Main, als er Anfang November 1772 durch die Wetzlarer Freunde von Jerusalems Selbstmord am 30. Oktober erfährt. Er verschafft sich genaue Nachrichten von den Motiven und den Umständen des überall die intellektuellen Kreise aufschreckenden Ereignisses. Und sogleich nimmt er diesen Selbstmord nicht als Einzelfall, sondern als exemplarisch und als Symptom; als Schuldige macht er die so aufgeklärten Väter aus – der alte Jerusalem ist 1709, Johann Caspar Goethe 1710 geboren: »Aber die Teufel, welches sind die schändlichen Menschen, die nichts genießen denn Spreu der Eitelkeit und Götzenlust in ihrem Herzen haben und Götzendienst predigen und hemmen gute Natur und übertreiben und verderben die Kräfte, sind schuld an diesem Unglück, an unserm Unglück, hole sie der Teufel, ihr Bruder. Wenn der verfluchte Pfaff, sein Vater, nicht schuld ist, so verzeih mirs Gott, daß ich ihm wünsche, er möge den Hals brechen wie Eli.«

Die Braunschweiger Jerusalems, an der Spitze der Vater, waren eine ehrgeizige Familie, die heimlich auf die Nobilitierung hoffte; enttäuschter Ehrgeiz und die unglückliche Liebe zu einer verheirateten Frau hatten Karl Wilhelm Jerusalem in den Selbstmord getrieben. Goethe ließ das Material, das ihm zugekommen war, ein ganzes Jahr liegen. Von Frankfurt aus nimmt er wieder regen Verkehr mit den Darmstädter Empfindsamen auf, ist zu Herders Hochzeit am 2. Mai 1773 in Darmstadt und besorgt gemeinsam mit Merck den ersten Band einer Ossian-Ausgabe, die 1777 dann in vier Bänden vollständig vorliegt. Die literaturkritische Tätigkeit verlagert sich, nachdem seit Anfang 1773 die »Frankfurter gelehrten Anzeigen« nicht mehr zur Verfügung stehen, in das Genre der satirisch-dramatischen Farce; Goethe greift in »Götter, Helden und Wieland« die Antike-Auffassung des durch seinen Roman »Agathon« schon berühmten Weimarer Vorklassikers an, er reibt sich in dichterischem Mutwillen aber auch an Nahestehenden, ja Befreundeten, so an Herder in »Satyros oder der vergötterte Waldteufel«. Am Beispiel eines Malers wird in »Des Künstlers Erdewallen«, einer kleinen dramatischen Szenenfolge, scharf die Disproportion des Genies mit der Gesellschaft und dem Kunstmarkt beleuchtet und kritisiert. Dank des immer mehr Aufsehen erregenden »Götz von Berlichingen« und dank persönlicher Vermittlung gewinnt Goethe neue Beziehungen: zu Sophie La Roche und zu ihrer Familie in Ehrenbreitstein, zu den Brüdern Friedrich Heinrich und Johann Georg Jacobi in Düsseldorf, zu Johann Caspar Lavater und zu seinem Kreis in Zürich. Enger wird auch die Verbindung zu den dichtenden Generationsgenossen Lenz und Friedrich Maximilian Klinger; durch den Abdruck von Gedichten im Göttinger Musenalmanach verdichtet sich der briefliche Austausch mit der Dichtergruppe des Göttinger Hains, auch der dritte große Vorklassiker neben Wieland und Lessing, Friedrich Gottlieb Klopstock, wird auf Goethe aufmerksam, und es entsteht eine lockere Korrespondenz. Anfang Oktober 1774 lernen sich der ältere und der jüngere Dichter in Frankfurt am Main kennen, und Goethe begleitet den »Messias«-

Dichter ein Stück auf dessen Weiterreise nach Karlsruhe. Um dieselbe Zeit setzt die Korrespondenz mit den Klopstock-Verehrern Christian und Leopold Grafen Stolberg ein, die wie Heinrich Christian Boie dem Göttinger Hain angehören.

1780 sollte Goethes »Götz« schließlich die Ehre widerfahren, von Friedrich II. in dessen Schrift »Über die deutsche Literatur« in die Pfanne gehauen zu werden – nachdem das Stück schon 1774, freilich stark bearbeitet, in seiner Hauptstadt mit Erfolg aufgeführt worden war. Es liegt hier der seltene Fall vor, daß der Bucherfolg eines Stückes dem Bühnenerfolg vorausgeht, die Rezensenten und Leser des Buchs erzwangen praktisch die Aufführung. Der »Götz« war es schließlich auch, der den Erbprinzen von Sachsen-Weimar, Carl August, auf den Frankfurter Dichter neugierig machte, so daß er ihn am 11. Dezember 1774 besuchte. Das Gespräch handelte im wesentlichen von Justus Mösers »Patriotischen Phantasien«, die gerade zu erscheinen begannen und einer individualisierenden, die Verfassungswirklichkeit des Hochstifts Osnabrück am konkreten rechtlichen Detail entwickelnden Geschichts- und Gegenwartsbeschreibung verpflichtet sind. Mösersche Aufsätze hatten schon das von Goethe im »Götz« entworfene Bild des Spätmittelalters und der Reformationszeit mitgeprägt. Der Kontakt zwischen Dichter und Fürst riß von nun an bis zu Goethes Reise nach Weimar nicht mehr ab.

Immer weniger band Goethe an seine Heimatstadt. Am 1. November 1773 verheiratete sich Cornelia, die Schwester, mit Johann Georg Schlosser; das junge Paar verließ Frankfurt am Main und zog zuerst nach Karlsruhe, dann nach Emmendingen. Schon im Frühjahr war das Ehepaar Kestner aus Wetzlar nach Hannover übergesiedelt, war Caroline Herder ihrem Mann nach Bückeburg gefolgt. Mit dem Tode der Landgräfin Caroline am 30. März 1774 veränderte sich das gesellige Klima in Darmstadt endgültig, und Goethe fand nichts mehr, das ihn dorthin zog. In Frankfurt selbst aber zeichnete sich nichts ab, das auf einen kulturellen Aufschwung Hoffnung gemacht hätte. Kleinere Reisen an Lahn und Rhein, zu den La Roches nach Ehrenbreitstein, zu den Jacobis nach Düsseldorf konnten dieses Defizit ebenso wenig ausgleichen wie der erfreuliche Umstand, daß die schöne Maximiliane La Roche als Gattin Peter Anton Brentanos in Frankfurt Einzug hielt und Goethe bezauberte. Der Ehemann warf den ungebetenen Anbeter hinaus.

Dabei war Goethe drauf und dran, dem deutschen Ruhm des »Götz von Berlichingen« den europäischen Erfolg der »Leiden des jungen Werthers« folgen zu lassen. Der Briefroman entstand während weniger Monate in der ersten Hälfte des Jahres 1774 und erschien im Herbst in Leipzig. Es sollte Goethes größter Bucherfolg überhaupt werden. Jetzt erst verarbeitet der Dichter eigene Wetzlarer Erfahrungen, die Nachrichten vom Selbstmord Jerusalems und die Ausdrucksformen empfindsamer Lebensweise zu einem Prosawerk von hinreißender Kraft. Natur- und Liebesempfinden im Roman stellen nicht nur gegenüber der in Wetzlar von Goethe gelebten Wirklichkeit, sondern auch gegenüber der gesamten europäischen Romanliteratur eine neue Qualität dar. Der Roman, rasch ein Kultbuch der um 1750 Geborenen beiderlei Geschlechts, bedeutet aber auch eine Abrechnung mit der sich aufgeklärt dünkenden Literaturgesellschaft. Er verweigert die moralische Verurteilung des Selbstmörders – ein Skandal! Er sympathisiert mit einem Helden, der weder im Beruf als Jurist noch als Künstler etwas zustande bringt, der mit der Macht seiner Gefühle in eine bürgerliche Zweierbeziehung einbricht und sie irritiert, der unter Berufung auf die Kinder, auf die Welt einer nur literarisch greifbaren Patriarchenzeit seine ständigen Normenverstöße rechtfertigt, unorthodoxe Predigten hält und unziemliche Analogien zwischen der Bibel – dem Gleichnis vom barmherzigen Samariter, dem vom verlorenen Sohn – und seiner Situation herstellt, der schließlich sich selbst und alle Außenseiter, die Trinker, die Wahnsinnigen als die Opfer einer selbstgerechten und gefühlsvergessenen Gesellschaft darstellt. Dieses Werk eines unausweichlichen und gleichwohl scheiternden Emanzipationsversuchs, einer unerhörten Freisetzung des Gefühls, rief verschiedenen Orts die Zensur auf den Plan, führte zu hitzigen Debatten in Familien- und Freundeskreisen und hatte wohl auch den einen oder anderen Selbstmord im Gefolge. Nichts konnte den Erfolg des Buchs aufhalten, Werther und Lotte wurden zu beliebten Motiven der bildenden Kunst, Schriften für und gegen den »Werther« füllten den Markt, und Johann Christian und Charlotte Kestner waren von ihrer plötzlichen literarischen Prominenz nicht eben erbaut. Lessing aber sah sich herausgefordert, vom fiktiven Werther den realen Karl Wilhelm Jerusalem deutlich abzugrenzen, indem er dessen kleine moralphilosophischen Aufsätze herausgab. Wie schon mit dem »Götz« hatte Goethe wieder ein Epochenthema getroffen – im Drama war es der Schnittpunkt zwischen der Entdeckung der eigenen Geschichte und der Shakespeare-Begeisterung, im Roman ist es die Entdeckung der eigenen Individualität, ihrer Ansprüche und ihrer schmerzlich erfahrenen Grenzen. Mit dem »Werther« hatte sich Goethe endgültig an die Spitze der jüngsten deutschen Literatur geschrieben, und zu seinem Ärger sollte ihn die Prominenz dieses Buchs sein Leben lang verfolgen – auf Kosten der Rezeption seiner späteren Werke. Neben dem »Werther« verblassen die übrigen Werke der späteren Frankfurter Zeit – die Singspiellibretti »Erwin und Elmire« und »Claudine von Villa Bella«, die Dramen »Clavigo« und das »Schauspiel für Liebende« »Stella«, ein hochinteressantes theatralisches Pendant zum »Werther«, das in einer Ehe zu dritt, zwischen Fernando, Stella und Cäcilie, seine positive Lösung findet – vielerorts wiederum ein Fall für Verbot und Zensur.

Die Anwaltstätigkeit nimmt ihren gleichmäßig-ruhigen Verlauf, während die Dichterkarriere in atemberaubende Höhen steigt. Nur in Frankfurt ist von Aufmerksamkeit nichts zu spüren, es gibt kein Periodikum, das seine Gedichte aufnehmen könnte, keinen Verlag, der für den »Werther« in Frage käme, keine Bühne, den »Götz« oder den »Clavigo« in Szene zu setzen. Eigentlich hält ihn 1775 nur noch eines in Frankfurt: die Liebe zur Bankierstochter Anna Elisabeth Schönemann, genannt Lili. Goethe lernte die sechzehnjährige schöne und wohl auch etwas kapriziöse Tochter aus sehr reicher Familie um die Jahreswende 1774/1775 kennen und verfällt ihr mit Haut und Haar. Während in seiner Liebe zu Friederike Brion und zu Charlotte Buff sicher auch das ländliche Ambiente, die idyllischen Elemente in Sesenheim und in Wetzlar, hineinspielen, verhält es sich in der Beziehung zu Lili Schönemann völlig anders. Die Schönemanns führen ein großes Haus, Goethe kommt genau in die Wintersaison hinein mit ihren Bällen, Festen und Diners, und wenn er seine Geliebte sehen will, so sind es Momente vor, während und nach solchen Festivitäten. In Goethes Gedichten an Lili und mehr noch in der im Januar 1775 aufgenommenen Korrespondenz mit Auguste Stolberg, der Schwester der beiden Grafen, spiegeln sich einerseits Goethes Angezogensein von Lili und sein Abgestoßensein von ihrem Lebenskreis, andererseits seine eigene Zerrissenheit zwischen seiner Rolle im Salon und den Empfindungen seines Herzens. Obwohl der Anwalt und Dichter vom Großen Hirschgraben sich in komischer Selbstpersiflage als Bären im Rokoko-Gehege Lilis darstellt und obwohl die eigene Familie gegen die »Staatsdame«, die überdies noch der falschen Konfession, nämlich der reformierten statt der lutherischen, angehört, entschieden opponiert, kommt es gegen Ostern zu einer förmlichen Verlobung. Goethe hat noch in hohem Alter, 1830, gegenüber einem Gesprächspartner bekannt, Lili sei die erste gewesen, die er mit einem tiefen und wahren Gefühl geliebt habe – die erste, und vielleicht auch die letzte. Daß auch sie ihm herzlich zugetan war und daß er sie vor Unbesonnenheiten bewahrt hat, hat sie später einer Freundin gegenüber einbekannt und diese ausdrücklich darum gebeten, Goethe dafür zu danken. Die Geliebte der Goetheschen Gedichte an Lili gibt freilich – anders als die der Friedriken-Lieder – ihre tiefsten Gefühle nicht preis.

Um Abstand zu gewinnen und mit sich über seine Gefühle und künftigen Entscheidungen ins Reine zu kommen, reist Goethe vom 14. Mai bis zum 22. Juli in die Schweiz – die erste und auch die berühmteste der drei Schweiz-Reisen des Dichters. Gemeinsam mit den Grafen Stolberg und dem Baron Christian Heinrich von Haugwitz reitet man in eigens angefertigter Werther-Tracht, im blauen Rock, gelber Weste und gelben Hosen, zunächst zu Merck nach Darmstadt. Schon diese Kleidung war ein Signalement der Aufsässigkeit, nicht weniger das kraftgenialische Gehabe in Gasthäusern und befreundeten Zirkeln oder gar das rousseauistisch-programmatische Nacktbaden in Seen und Flüssen am hellichten Tage. Von Darmstadt ging es über Mannheim und Heidelberg nach Karlsruhe, wo Goethe nicht nur Carl August von Sachsen-Weimar wiederbegegnet, sondern nun auch dessen Braut Luise von Hessen-Darmstadt kennenlernt. Die nächste Station ist Straßburg. Goethe trifft sich mit Lenz und Salzmann, vermeidet aber einen Besuch in Sesenheim. Lenz begleitet die Reisenden nach Emmendingen, wo Goethe seine Schwester wiedersieht – es wird die letzte Begegnung der Geschwister sein. Sodann geht es auf das eigentliche Reiseziel zu: Zürich, seit dreißig Jahren einer der heimlichen Hauptorte der deutschen Literatur. Hier lebte der berühmte Literaturtheoretiker Johann Jakob Bodmer, der Idyllendichter Geßner war Zürcher, Klopstock, Wieland und Ewald von Kleist waren hier zu kürzeren oder längeren Gastaufenthalten gewesen, der später Goethe eng verbundene Maler Johann Heinrich Lips schließt erste Bekanntschaft mit dem Dichter. Goethe wohnt bei Johann Caspar Lavater, den er schon seit der Lahn- und Rheinreise vom Sommer 1774 persönlich kennt. Als Beiträger zu dessen »Physiognomischen Fragmenten«, einem die bildende Kunst wie die Literatur im letzten Drittel des 18. Jahrhunderts befruchtenden Hauptwerk, verbindet beide damals eine enge Arbeitsgemeinschaft. Nach Klopstocks Vorbild unternimmt man am 15. Juni eine Bootsfahrt auf dem Zürichsee, und wie Klopstock von dieser Fahrt das Gedicht »Der Zürchersee« mitbringt, so Goethe das Gedicht »Auf dem See«.

Die Reise führt dann weiter in die innere Schweiz, auf dem Pass des St. Gotthard zeichnet Goethe ein Blatt, dem er den Titel »Scheideblick nach Italien« gibt – doppelt zu deuten: ein Blick von der Gebirgsscheide südwärts, wo es hinunter nach Italien geht, und ein Bedauern, von dem Wunsch, nach Italien weiter zu reisen, vorerst Abstand nehmen zu müssen. Auf dem Rückweg berührt Goethe noch einmal Straßburg und trifft sich mit Lenz auf der Plattform des Münsterturms; das ist die »Dritte Wallfahrt nach Erwins Grabe«, die Goethe in einem Prosagedicht als Pendant zu »Von deutscher Baukunst« fixiert, zugleich mit einer Grundthese seiner Sturm und Drang-Poetik: »Mit jedem Tritte überzeugte man sich mehr: daß Schöpfungskraft im Künstler sei aufschwellendes Gefühl der Verhältnisse, Maße und des Gehörigen, und daß durch diese ein selbständig Werk, wie andere Geschöpfe durch ihre individuelle Keimkraft hervorgetrieben werden.« Auch zu einer Wiederbegegnung mit Herder und seiner jungen Familie kommt es; denn Herder war Ende Juni zum Besuch von Caroline Flachslands Verwandten nach Darmstadt gereist, und von hier aus zog man gemeinsam und in Begleitung Johann Heinrich Mercks nach Frankfurt. Zwar wissen wir nicht, was bei all diesen Begegnungen im einzelnen geredet oder gar verabredet wurde. Aber daß dabei nicht nur bestehende Freundschaften bekräftigt, sondern auch gegenwärtige und künftige Lebenslagen besprochen wurden, liegt nahe, und es weist auf Goethes Weimarer Zukunft voraus, daß er auf der Hinreise in die Schweiz mit Carl August, auf der Rückreise nach Frankfurt mit Herder zusammentrifft. Schon wenige Wochen später, im September, weilt Carl August, nun seit drei Wochen nicht mehr Erbprinz, sondern regierender Herzog, wieder in Frankfurt und lädt Goethe nach Weimar ein, und er wiederholt die Einladung bei der dritten Begegnung zwischen Fürst und Dichter in diesem Jahr am 12. Oktober. Goethe hat in den Monaten seit der Rückkehr aus der Schweiz weiter an seinem »Faust« gearbeitet und daneben ein neues Drama in Angriff genommen: es entstehen die ersten Szenen seines »Egmont«. Dagegen tritt die lyrische Produktion etwas zurück, und das wenige ist elegisch gestimmt: eine Zeit der Abschiede scheint angebrochen, »Im Herbst«, »Sehnsucht«, »Wonne der Wehmut« lauten die Titel. Auch Lili kann Goethe nicht in Frankfurt halten, zumal keine der beiden Familien mit der Verbindung recht einverstanden ist. So wird das Verlöbnis im Oktober 1775 wieder gelöst. Für Goethe aber stellt sich die Frage: Italien oder Weimar? Nach Italien drängt ihn der Vater, drängen auch eigene heimliche Wünsche; nach Weimar zieht ihn das Gefallen, das er und der junge Herzog aneinander gefunden haben, zieht ihn auch die Aussicht, an einem modern gesonnenen Hof etwas bewirken zu können und endlich einen stabilen Kreis zu finden, der ihn als Dichter hochschätzt und fördert.

Es war verabredet, daß ein hoher Weimarer Beamter Goethe in Carl Augusts Residenz begleiten sollte. Als der ausblieb, brach Goethe nach Süden, nach Italien, auf und kam zunächst bis Heidelberg. Dort erreichte ihn die Nachricht, Herzog Carl Augusts Hofmarschall sei doch noch eingetroffen, Goethe kehrte um und nahm seinen Weg nach Thüringen.

Viertes Kapitel

Weimar, am Hof

Goethe hatte sich also für Weimar entschieden, noch nicht endgültig zwar, sondern zunächst als Gast und auf Probe, aber bald endgültig. Am 7. November 1775 traf er in Begleitung seines Frankfurter Dieners Philipp Seidel in Carl Augusts Residenz ein.
Vergleicht man diese Lebensentscheidung mit denen anderer Intellektueller um 1770, dann zeigen sich viele Parallelen. Für das Jahr 1775 notiert der Dichter im biographischen Schema zu »Dichtung und Wahrheit«: »Neigung der Fürsten zum Privatstande«. Er konstatiert, daß sich der Abstand zwischen dem Denken und der Lebensführung in der kleinen und auch mittleren Aristokratie und den Wertvorstellungen und Lebensformen des »Privatstandes«, des mittleren und gehobenen Bürgertums, verringerte. Anders als an den Höfen der Großmächte in Berlin und Wien verminderte sich damit auch das schmerzhafte Empfinden der Standesdifferenz. Sie verlor sich zwar niemals ganz, denn auch kleinere Landesherren mußten auf die adligen Familien in ihren Territorien Rücksicht nehmen. Aber sie versprachen doch modern gesonnenen und gut ausgebildeten Bürgern die besten Entfaltungsmöglichkeiten. Sie waren besser als die in den freien Reichsstädten, in denen die Herrschaftsanteile zumeist seit Generationen festgeschrieben waren und die zähen Traditionen sich ebenso hemmend auswirkten wie an den großen Höfen die adligen Vorrechte. So hatte Lessing ins kleine Braunschweig-Wolfenbüttel Carls I. gefunden, Wieland war aus der freien Reichsstadt Biberach nach Weimar gegangen, Goethes Schwager Johann Georg Schlosser aus Frankfurt in die Dienste Carl Friedrichs, des Markgrafen von Baden, getreten, und die Höfe in Darmstadt und Dessau, in Gotha, Kassel und Mannheim wären weitere Beispiele. Hier konnten sich Män-

ner bürgerlichen Standes mit guten kameralistischen und juristischen Kenntnissen, mit praktischem Wissen und kulturellen Ansprüchen am ehesten ernstgenommen und akzeptiert fühlen. Obwohl es um 1770 noch ungewöhnlich gewesen wäre, hätte Goethe sicher auch als freier Schriftsteller leben können, zumal ihm ein beträchtliches Vermögen zufallen würde. Aber mit der größtmöglichen Unabhängigkeit wäre diese Option nicht verbunden gewesen, solange der Vater über das Geld zu bestimmen hatte. Das Vertrauen, ja die Anhänglichkeit eines jungen Fürsten und überdies die Zuneigung der ganzen Herzogsfamilie – der erst sechsunddreißigjährigen Herzoginmutter Anna Amalia, der achtzehnjährigen Herzogin Luise und des siebzehnjährigen Prinzen Konstantin – boten die besten Chancen. Das sollte sich sogleich beweisen, noch ehe Goethes Entscheidung für Weimar gefallen war. Anna Amalia war eine geborene Prinzessin von Braunschweig-Wolfenbüttel, ihr Religionslehrer und Konfirmator war niemand anderer als Johann Friedrich Wilhelm Jerusalem. Und nun kam der Dichter an ihren Hof, der den Fall Karl Wilhelm Jerusalems zum Gegenstand eines skandalumwitterten Romans gemacht hatte. Zufällig war 1776 die Position des obersten Geistlichen im Herzogtum vakant. Goethe wurde gefragt und schlug seinen Freund Johann Gottfried Herder vor. »Antworte mir schnell, wie stehst du mit Jerusalem«, fragt er am 15. Januar 1776 in Bückeburg an – es galt, die mit Anna Amalia aus Braunschweig nach Weimar gekommenen Anhänger des Braunschweiger Hofpredigers entweder zu gewinnen oder auszuschalten. Goethe setzt sich mit seinem Vorschlag durch; bereits Mitte Februar ergeht der Ruf an Herder auf den Generalsuperintendentenposten in Weimar, am 1. Oktober tritt er sein Amt an. Daß diese wichtige Personalentscheidung im Sinne Goethes fiel, kann gar nicht hoch genug veranschlagt werden, denn die Kirche war nicht nur für die religiösen Angelegenheiten zuständig, sondern auch für das Schulwesen im Lande, und sie hatte überdies Einfluß auf die Besetzung der philosophischen und theologischen Lehrstühle an der Landesuniversität Jena. Einen größeren Vertrauensbeweis hätte Carl August seinem Besucher gar nicht erbringen können. Zwischen März und Juni 1776 setzt der Herzog alles daran, Goethe zum dauernden

Bleiben zu bewegen. Unter denen, die zu Anna Amalias Regentschaft ihre Ämter angetreten hatten, machte sich Furcht vor diesem neuen Günstling breit, in Adelskreisen rümpfte man die Nase über die zahlreichen Gunsterweise für einen Bürgerlichen. Es kam zur Krise, als Carl August beschloß, den Frankfurter in das oberste Regierungsgremium, das Geheime Consilium, aufzunehmen – als Geheimen Legationsrat mit Sitz und Stimme. Unter Hinweis auf die Enttäuschung aller »Ihro treuen und verdienten Diener« droht der leitende Minister Jakob Friedrich von Fritsch seinen Rücktritt an, und es bedarf der Überredungskunst der Herzoginmutter und der ganzen Entschlossenheit Carl Augusts, ihn umzustimmen. Der Herzog steht im zwanzigsten Lebensjahr und regiert eben neun Monate, als er im Brief an von Fritsch den Satz schreibt: »Einen Mann von Genie nicht an dem Ort gebrauchen, wo er seine außerordentlichen Talente gebrauchen kann, heißt denselben mißbrauchen.«

Man müßte von einer Staatskrise für das Jahr 1776 sprechen, wäre dieser Staat Sachsen-Weimar-Eisenach nicht ein kleines Ländchen ohne politisches Gewicht. Das gesamte Herzogtum hatte nur etwa 100.000 Einwohner, die Residenz Weimar etwa 6.000, und ihre Bewohner, soweit sie nicht im Hofdienst standen, waren zu einem guten Teil Ackerbürger, deren Kleinvieh die ungepflasterten Straßen genauso bevölkerte wie die hin und her eilenden Gewerbetreibenden und Dienstboten. Abgesehen vom Holzreichtum des Thüringer Waldes war das wirtschaftliche Potential des Landes gering, die Wiederbelebung des Ilmenauer Bergbaus, der Goethe in Carl Augusts Auftrag unendlich viel Mühe zuwandte, blieb eine Chimäre. Schon Anna Amalia hatte energische Schritte unternommen, die durch ihre Vorgänger zerrütteten Finanzen in den Griff zu bekommen, aber das Werk war noch nicht abgeschlossen, als Carl August die Regierung übernahm. In einem Territorium, in dem die Grundsteuer, die zum Teil noch in Naturalien abgeleistet wurde, den Löwenanteil der Haushaltseinnahmen ausmachte, konnte nur strenge Disziplin bei den Ausgaben Besserung bewirken. Von Fritsch, Goethe und als dritter im Bunde Christian Friedrich Schnauß taten als leitende Beamte ihr Bestes und arbeiteten nicht schlecht zusammen, wenn es auch nicht immer gelang, den Herzog zum Ausgabenverzicht zu bewegen. Zu Anfang der achtziger Jahre wurde unter Goethes Federführung immerhin eine bedeutendere Finanzreform durchgeführt; es war nicht einfach, dafür die mitspracheberechtigten Landstände der Landesteile Weimar und Eisenach zu gewinnen. Vor allem der Militäretat wurde kräftig zurückgefahren, das heißt, es wurden viele Offiziersstellen gestrichen, die zuvor in der Regel Söhnen aus adligen Familien zugefallen waren, und die Eisenacher Gutsherren und Kaufleute klagten über den Verlust eines Großabnehmers ihrer Produkte. Auch Carl August, ein begeisterter Militär, fand sich nicht leicht mit der Reduktion seiner Truppen ab.

Der Erfolg – Goethes größter als Innenpolitiker – war hart erarbeitet. Der junge Minister hatte sich bis dahin schon in zahlreichen Ämtern bewährt. 1777 hatte er die Bergwerksangelegenheiten übernommen und Vorbereitungen für den Neubeginn des Ilmenauer Kupfer-, Silber- und Erzabbaus getroffen, 1779 waren ihm die Oberaufsicht über das Straßenbauwesen und vor allem auch die Leitung der Kriegskommission anvertraut worden, er wußte über Kosten und Nutzen der Weimarer Truppen genau Bescheid. Gleichzeitig gehörte er noch der Theaterbauleitung und der Leitung der 1781 gegründeten Freien Zeichenschule an, zu schweigen von seinen Aufgaben als höfischer Gelegenheitsdichter und Festarrangeur. Im April 1782 wurde er von Kaiser Joseph II. in den Adelsstand erhoben, sicher eine nicht unwichtige Voraussetzung, größere politische Veränderungen zu bewirken. Durch viele Reisen im Lande selbst und Besuche bei den benachbarten, zumeist ebenfalls dem Hause Wettin angehörigen Fürsten waren ihm das Herzogtum und seine Möglichkeiten genau bekannt geworden. Zu den schönsten Ergebnissen dieser Reisen gehören die oft ungemein stimmungsvollen Zeichnungen, die Goethe von ihnen mit nach Hause brachte.

Was Weimar 1775 kulturell zu bieten hatte, konnte sich in Anbetracht der Kleinheit der Stadt und des Herzogtums sehen lassen. Anna Amalia kam von einem der kultiviertesten Fürstenhöfe des Deutschen Reiches, man kann den Weimarer Musenhof einen Abkömmling des Kulturengagements Carls I. nennen. Die Tochter und der Enkel traten in seine Fußstapfen, und mit weit größerem Erfolg. Der große Romancier Christoph Martin Wieland wirkte hier seit 1772, und Goethe stand ungeachtet seiner früheren Polemik bald mit ihm in gutem Einvernehmen. Johann Karl August Musäus war schon 1763 Pagenhofmeister in Weimar geworden, 1769 war er in das Amt eines Gymnasialprofessors hinübergewechselt, ein Romanautor in der Nachfolge der empfindsam-tugendhaften Werke Samuel Richardsons, der von 1782 an mit seinen »Volksmärchen der Deutschen« einen großen Erfolg erzielte. Als Hofmeister des Prinzen Konstantin lebte der gebildete Offizier Karl Ludwig von Knebel seit 1773 in nächster Nähe der Fürstenfamilie, Goethe hatte ihn schon im Dezember 1774 zusammen mit Carl August in Frankfurt am Main erlebt. Knebel wurde sehr bald einer der engsten Freunde, und diese Freundschaft hielt bis zu Goethes Tod. Im Mai 1774 war zwar mit dem Weimarer Schloß auch dessen Theatersaal niedergebrannt, dennoch wird schon Ende 1776 Corona Schröter, die Schauspielerin und Sängerin, nach Weimar geholt, sie spielt am 6. April 1779 die Titelrolle in Goethes »Iphigenie auf Tauris«. Dreiviertel Jahr später steht der Theaterneubau, das sogenannte Redouten- und Comödienhaus. Bis dahin mußte man sich mit wechselnden Spielstätten behelfen, bei aufwendigeren Inszenierungen ging man zumeist auf die Ettersburg, einige Kilometer westlich vor der Stadt gelegen. Hier fand denn auch die Weltpremiere der »Iphigenie auf Tauris« statt: Goethe übernahm die Rolle des Orest, zunächst Prinz Konstantin, später Carl August selbst die des Pylades, Knebel die des Thoas. Direktor der Freien Zeichenschule wurde der Maler Georg Melchior Kraus, ein Frankfurter, der nach einem längeren Arbeitsaufenthalt schließlich, fast gleichzeitig mit dem Dichter, von Carl August nach Weimar berufen wurde. Noch von Anna Amalia war 1773 der Rudolstädter Künstler Gottlieb Martin Klauer zum Hofbildhauer ernannt worden. Bei den beschränkten finanziellen Ressourcen des Landes war an eine Sammeltätigkeit großen Stils für ein Museum nicht zu denken. Dennoch machten Anna Amalia und Carl August seit den siebziger Jahren einen bescheidenen Anfang, wobei sie sich unter anderem die Kunstkennerschaft und die Agentendienste Johann Heinrich Mercks zunutze machten. Anläßlich einer Rheinreise 1778 ließ sich Anna Amalia von ihm und Kraus als Kunstführern bis nach Düsseldorf begleiten, einige Jahre später leistete er dem Herzog Carl August denselben Dienst. Schon im Herbst 1777 hatten Goethe und Merck gemeinsam eine Woche in Eisenach verbracht, im Sommer 1779 folgte der Kritiker und Kunstkenner einer Einladung Anna Amalias und verbrachte sechs Wochen in Weimar. Auch 1780 kam es noch einmal zu einer Begegnung zwischen Goethe und Merck, sie waren sich nun aber doch fremd geworden. Der ältere Freund beobachtete Goethes zahlreiche Weimarer Engagements skeptisch und fürchtete um die Kreativität des Dichters, Goethe reagierte empfindlich auf gut gemeinte Ratschläge, denen er entwachsen war, verübelte Merck kleinere Unehrlichkeiten, die wohl eher Nachlässigkeiten waren, und konnte nicht billigen, daß sich Merck in der Affaire um den Darmstädter Minister Carl Friedrich von Moser auf die Seite von dessen Gegnern schlug. Immerhin gelang es ihm in den frühen Weimarer Jahren, die Verbindung zu den beiden wichtigsten Mentoren und Freunden seiner Frankfurter Zeit – und das waren zweifellos Herder und Merck – in seine neue Lebenssphäre zu überführen. Das Vertrauen der Herzogsfamilie in Goethe schloß dessen literarische Verbündete mit ein. Man kann vom Weimarer Kulturleben nicht sprechen, ohne das benachbarte Jena und seine Universität einzubeziehen, und zweifellos hat die Nähe der Universität Goethes Entschluß, in Weimar zu bleiben, entscheidend mitbestimmt. Als Mitglied des Geheimen Consiliums war er von Amts wegen für ihr Gedeihen mitverantwortlich, er nahm aber auch ein ganz persönliches Interesse an den Stellenbesetzungen und an den Sammlungen. Denn hier fand er endlich die richtigen Voraussetzungen, um seine naturwissenschaftlichen Neigungen unter kundiger Anleitung und mit systematisiertem Anschauungsmaterial zu befriedigen. Die Befassung mit dem Bergbau erforderte gründliche geologische und mineralogische Kenntnisse, und auch von Chemie und Physik mußte man etwas verstehen, hier konnte die Universität alles Notwendige bieten; die ingenieurwissenschaftliche Seite des Berbbaus hingegen blieb Goethe immer fremd, und er mußte sich ganz auf das Können anderer verlassen. Schon in Straßburg hatte der

Dichter an anatomischen Übungen teilgenommen; in Weimar vertieft er sich in die Entwicklungslehre und entdeckt im März 1784 den Zwischenkieferknochen am menschlichen Schädel, ein Forschungsergebnis von erheblicher Tragweite für die Neupositionierung des Menschen in seiner Relation zu den höheren Säugetieren. Auch die Botanik geriet nun näher in sein Blickfeld – wenig später sollte sie zu seiner Leitwissenschaft werden. Vorerst diente sie der gemeinsam mit Carl August geplanten und durchgeführten Gestaltung des Parks an der Ilm und Goethes persönlichen Garteninteressen um das kleine Gartenhaus im Ilmtal, das ihm Carl August schon im Frühling 1776 zum Geschenk gemacht hatte.

Eingespannt in die Leitung des Herzogtums hatte der Minister zumal in den frühen Jahren zahlreiche Dienstreisen zu absolvieren. Den Gothaer Hof lernt er schon 1775 kennen, und die Besuche dort sollten sich noch häufig wiederholen. Den Dezember 1776 verbrachten Fürst und Minister bei Leopold Friedrich Franz von Dessau, dem Schöpfer der Wörlitzer Parklandschaft, einem Regenten, dem Goethes ganze Bewunderung galt. Auch später war er noch mehrfach in Dessau und Wörlitz; die Anlage um den Witwensitz Anna Amalias, Schloß Tiefurt nahe Weimar, wurde im Sommer 1782 nach Wörlitzer Anregungen gestaltet. Drei ausgedehnte Harzreisen zwischen 1777 und 1784 galten dem Studium des Bergbaus im Zusammenhang mit den Aufgaben in Ilmenau. Die große Politik, nämlich Sachsen-Weimars Verhalten in der drohenden Auseinandersetzung zwischen Preußen und Oesterreich um die bayerische Erbfolge, führte Goethe im Mai 1778 zum einzigen Mal in seinem Leben nach Berlin und Potsdam. Außer einer gehörigen Skepsis gegen Preußens Ambitionen und einem Einblick in das eiserne Räderwerk der Großmachtpolitik hat der Dichter wenig Gewinn von dieser Reise gehabt. König Friedrich II. selbst hat er nicht zu Gesicht bekommen. Carl Augusts Bemühen, einen Fürstenbund mittlerer und kleiner Staaten als dritte Kraft neben Berlin und Wien zu etablieren, erforderte diplomatische Rundreisen an Thüringer Höfe und 1784 auch nach Braunschweig – zu spät für Goethe, um noch Gotthold Ephraim Lessing kennenzulernen. Der Dramatiker und Kunsttheoretiker war schon 1781 verstorben. Ausge-

dehnte und langweilige höfische Verpflichtungen, Verhandlungen, die politisch letztlich doch nichts bewegten, ließen Goethe gerade noch Zeit, in Eile die Gemäldegalerie in Schloß Salzdahlum zu besichtigen mit ihrem wertvollen Bestand niederländischer Malerei.
Eine große, nicht politisch, sondern pädagogisch motivierte Reise unterbrach die dienstlichen Besuche bei so vielen mitteldeutschen Höfen. In der Ehe des jungen Herzogpaars stand es nicht zum Besten, und Goethe, der sowohl mit den Damen als auch mit dem Herzog gut konnte, nahm sich vor, einen Vermittlungs- und Ausgleichsversuch zu wagen. Das war die eigentliche Hoffnung, die er auf die große Schweiz-Reise mit dem Herzog, von September 1779 bis Januar 1780, setzte. Zunächst einmal wollte er den Herzog auf eine gewisse Zeit von seiner Geliebten Jeanette von Werthern-Neunheiligen trennen; sodann versprach er sich viel von einem seelsorgerisch-pädagogischen Gespräch Johann Caspar Lavaters mit dem Herzog. Die Reiseroute wurde über Kassel und Frankfurt am Main genommen, und für Goethes Eltern war es ein großes Ereignis, nach vier Jahren den Sohn wiederzusehen und im ersten Stockwerk des Goethe-Hauses das »Peking« und die beiden Nebenzimmer für den Herzog von Sachsen-Weimar zu richten. Gereist wurde incognito und in kleinster Begleitung. Die Reisegesellschaft nahm den Weg durch das Elsaß, Goethe suchte und fand eine versöhnliche Begegnung mit Friederike Brion in Sesenheim und traf sich in Straßburg mit Lili, nun verheirateter Baronin von Türckheim. Wenige Tage später stand er in Emmendingen am Grab seiner Schwester, die zwei Jahre zuvor verstorben war; im Hause Schlossers waltete nun dessen zweite Frau Johanna, geb. Fahlmer, mit der Goethe schon seit 1772 eine herzliche Freundschaft verband. So wurde diese Fahrt für Goethe selbst eine in zurückliegende Lebensepochen, ehe sich der abenteuerlichere Teil in der Westschweiz mit dem Aufstieg durch das Wallis zum St. Gotthard und von da abwärts durch die Innerschweiz nach Zürich anschloß.
Auch in Zürich wurde manche Bekanntschaft wieder aufgefrischt, die 1775 geschlossen worden war. Es hätte freilich schon ein Wunder geschehen müssen, wenn der vierzehntägige Einfluß Lavaters auf Carl August von dauerhafter Wirkung hätte sein sollen. Luise mußte wei-

ter leiden, und der Herzog nahm sich wie zuvor ohne erkennbare Gewissensbisse jene erotischen Freiheiten, die für ihn wie selbstverständlich zu den Rechten adliger Herren gehörten. Auf der Rückreise wurde in Stuttgart Herzog Karl Eugens Hohe Karlsschule besichtigt, unter den Studierenden stand Schiller und blickte zum großen Dichter des »Götz« und des »Werther« hinüber. Noch gab es »Die Räuber« nicht, und als es sie gab, war der Abstand zwischen beiden nicht mehr nur einer des Alters. Am 13. Januar 1780 traf die Reisegesellschaft wieder in Weimar ein.

Im Getriebe von Politik und Verwaltung, Studien und Dienstreisen brauchte der Dichter Goethe Rückzugsräume, in denen auch seine Poesie eine Heimstatt fand. Um den Herzog herum ging es zumeist laut und juvenil zu, Stille fand Goethe bei den Damen des Hofs. Bei Anna Amalia zum Beispiel. Sie war der Kristallisationspunkt eines kleinen, aber beständigen Publikums, empfindsame Hofdamen, gebildete und wohl auch selbst dichtende Hofbeamte, Christoph Martin Wieland, Herder und nicht selten auch fremde Gäste, die sich kürzer oder länger an diesem neuen Musenhof aufhielten. An einem solchen Kreis hatte es Goethe in Frankfurt gefehlt, in Darmstadt hatte er sich aufgelöst. Als er nach Weimar kam, brachte er die Szenenfolge des »Urfaust« und die Anfänge des »Egmont« mit, ferner abgeschlossene, aber unpublizierte Jugendwerke wie »Die Laune des Verliebten« und »Die Mitschuldigen«; hier fand er aufgeschlossene Zuhörer, durchaus nicht kritiklos, aber wohlwollend und geistreich. Es kam zu mancher fruchtbaren Zusammenarbeit: Anna Amalia selbst, aber auch Karl Siegmund von Seckendorf und Corona Schröter schufen Kompositionen zu Goetheschen Gedichten und Singspielen, Georg Melchior Kraus illustrierte die Aufführung der Literatursatire »Das Neueste aus Plundersweilern«. Das durch Goethe ausgelöste Vergnügen, poetisch produktiv zu werden, zeitigte zwischen 1781 und 1784 das »Tiefurter Journal«, ein handschriftlich verbreitetes Periodikum der Hofgesellschaft. Alle Beiträge blieben anonym, neben Könnern wie Goethe, Herder und Wieland stehen gewandte Dilettanten wie Knebel, Seckendorf und das Hoffräulein Luise von Göchhausen; auch die Herzogsfamilie beteiligt sich, mit Anna Amalia, Carl August und dem

Prinzen August von Gotha. Wie dreißig Jahre zuvor in der Rokokozeit übernimmt die Poesie wieder die Aufgabe, ein geselliges Zusammenleben zu stiften und zu verschönern. In dieser Sphäre, in der Rokoko, Frühklassizismus und Sturm und Drang einander befruchten und durchdringen, bereitet sich das neue Formbewußtsein der Klassik vor, in der letzten, in Italien geschriebenen Fassung der »Iphigenie auf Tauris« steht es in völliger Ausgestaltung vor uns.

Bis es dahin kam, war es ein weiter Weg. Zunächst verbreitete sich in Deutschland der Ruf, Weimar würde ein Mekka der jungen Sturm und Drang-Genies unter der Führung eines Herzogs, der es selbst am tollsten triebe. In der Tat holte Carl August, von der strengen Aufsicht seiner Lehrer und der Vormundschaft seiner Mutter befreit, ein Stück spätpubertärer Jugendrevolte nach. Goethe machte mit, schon frühzeitig aber ist erkennbar, daß er auf den acht Jahre jüngeren aristokratischen Freund erzieherisch einzuwirken versuchte – wenn zunächst auch nicht auf sein Gebaren, so doch auf seine Entscheidungen. Nach außen konnte das kaum erkennbar werden, zumal nun auch Goethes Freunde Lenz, Klinger, Kaufmann, die Brüder Stolberg nach Weimar kamen, einige in der Hoffnung, hier ihr Glück zu machen. Das aber mißlang allen, aus unterschiedlichen Gründen. Lenz, der hochtalentierte Dramatiker, überwarf sich aus bis heute nicht geklärten Ursachen mit Goethe und wurde auf dessen Drängen in rüder Form des Landes verwiesen, Klinger ging, enttäuscht, von allein und fand schließlich seinen eigenen Erfolgsweg. Auch Kaufmann konnte sich nicht in Weimar halten, und die Brüder Stolberg verzichteten, nachdem ihr Idol Klopstock das Weimarer Treiben im Mai 1776 scharf verurteilt und Goethe so schroff geantwortet hatte, daß es zum Bruch zwischen den beiden Dichtern gekommen war. So blieb nur die Beziehung zu Herder und Merck intakt, den etwas Älteren, die zwar dem Sturm und Drang in theoretischer und literaturkritischer Hinsicht den Weg bereitet hatten, aber selbst weder im Leben noch in der Poesie ihm zuzurechnen sind. Schon Ende 1776 waren die Hoffnungen – bei manchen die Befürchtungen – geschwunden, in Sachsen-Weimar-Eisenach würden die Genies die Macht übernehmen. Neben Wieland und Herder behauptete Goethe zunächst allein das Feld, und daran änderte sich nichts, bis mit Friedrich Schiller der zweite große Klassiker in Carl Augusts Herzogtum Fuß faßte.

Es gab eine heimliche Klammer, die Goethes nach allen Seiten ausgreifendes Wirken in Politik, Verwaltung, Wissenschaft, praktischen Künsten und Poesie zusammenhielt, einen Fixpunkt sowohl außerhalb der Hofkreise als auch außerhalb der informellen Zirkel, in denen er verkehrte: die Beziehung zu Charlotte von Stein. Zehn Jahre lang, bis zur Italienreise, ist der Austausch und das Zusammensein mit dieser Frau der innerste Bereich von Goethes Weimarer Leben. Charlotte wußte von Goethe, schon ehe er nach Weimar kam, sie kannte den »Clavigo« und den »Werther«, und umgekehrt wußte auch Goethe von ihr, denn Johann Georg Zimmermann hatte ihm im Sommer 1775 in Straßburg von ihr erzählt und ihm eine Silhouette der Weimarer Hofdame überlassen. Sieben Jahre älter als Goethe und mit einer langen Erfahrung vom Leben und von den Verhältnissen am Weimarer Herzogshof, wurde sie Goethes Mentorin, Vertraute, mütterliche Freundin und Geliebte. Bis zum Aufbruch nach Italien schrieb er ihr mehr als 1.600 Briefe, Billets und Zettel, sandte ihr kleine Geschenke, zeichnete für sie, schrieb Gedichte an sie. Zwei davon gehören zu seinen vollkommensten: »An den Mond« und »Warum gabst du uns die tiefen Blicke«. Hier fällt nun der Satz, der das Ungreifbare, ja scheinbar Widersprüchliche und eben darum auch Gefährdete in ihrer Beziehung bezeichnet und sie zu einem höchst empfindlichen Stück Lebenskunst macht:

> Sag was will das Schicksal uns bereiten?
> Sag wie band es uns so rein genau?
> Ach du warst in abgelebten Zeiten
> Meine Schwester oder meine Frau.

Eines kann man mit Gewißheit sagen: ein Naturkind war Charlotte von Stein nicht. Sie war aber eben auch nicht eine jener hohlen Gestalten, wie sie der höfische Drill und das starre Zeremoniell hervorbrachte, keine Individualitäten mehr, nur noch Dekor. Sie war sechzehn Jahre alt, als sie 1758 Hofdame bei Anna Amalia wurde, den höfischen Schliff hatte sie bis zur Vollkommenheit ausgebildet. Dann der übliche Lauf: Heirat mit dem herzoglichen Stallmeister Josias Friedrich von Stein, Gutsherrin auf Groß-Kochberg und bald Mutter von sieben Kindern. Wenn auch keine Schönheit, so wahrte sie doch Eleganz und Grazie und vor allem eine in Hofkreisen ungewöhnliche intellektuelle Aufgeschlossenheit. Wie alle Damen am Hof war sie auf den Verfasser des »Werther« gespannt, und als er schließlich kam, erfüllten sie zunächst höchst zwiespältige Empfindungen. Mit Humor hat sie in einem Dramolett festgehalten, wie die Herzoginmutter und die Hofdamen, darunter sie selbst, dem Neuankömmling begegneten, über ihn schwatzten und sich belauerten, wem er wohl seine Gunst zuwenden würde, und es dauerte einige Monate, bis sie Goethe seine im Gefolge des Herzogs begangenen Torheiten und Liebeleien nachsah und sich sagte, er tue es, um das Vertrauen des Herzogs zu gewinnen und dann Gutes zu stiften. Dann aber wurde sie seine engste Gesprächspartnerin. Sie ging auf seine naturkundlichen Interessen ein und befaßte sich auf seine Anregung hin noch gründlicher als zuvor mit zeitgenössischer, besonders deutscher Literatur. Charlotte von Stein war eine Frau von empfindsamer, spirituell geläuterter Religiosität innerhalb der herkömmlichen Formen, tolerierte aber Goethes innerweltliche Frömmigkeit, solange sie überzeugt war, daß sein praktisches Wirken im Herzogtum dem Herzog selbst und allen zugute käme. Mancher zeitgenössische Beobachter, Knebel etwa, sprach ihr Wärme ab, attestierte ihr jedoch Klarheit, und diesen letzten Zug hat auch Goethe an ihr wahrgenommen. In beiden Dramen, die er während der ersten zehn Weimarer Jahre konzipiert, der »Iphigenie in Tauris« und dem »Torquato Tasso«, finden sich weibliche Rollen, die Charakterelemente Charlotte von Steins aufbewahrt haben: Iphigenies Frömmigkeit bei gleichzeitigem selbstverantwortetem Handeln, der Prinzessin Leonore d'Este philosophisch geläuterte Resignation und wohl auch der Leonore Sanvitale Ehrgeiz, sich einen Dichter auf Dauer zu verbinden.

Nimmt man die Worte »meine Schwester oder meine Frau« buchstäblich, dann hat Goethe in ihr Züge seiner Schwester Cornelia wiedererkannt, insbesondere wohl ihre Bereitschaft, unter seiner Anleitung ihren Wissenshorizont zu erweitern, und ihr sanftes, aber unablässiges Drängen, auch seinen Auftrag als Dichter nicht zu vernachlässigen. Wie Cornelia stellte sie sich ihm gern als Gesprächspartnerin zur Verfügung. Mit der Schwesteridentifikation ist aber auch eine Tabu-Zone abgesteckt: denn »Schwester« und »Frau« gehen nicht zusammen, Goethe konterkariert damit sein eigenes Werben um sie als Geliebte. Und er warb heftig, sogar mit dem etwas erpresserischen Argument, sie müsse ihn erhören, um ihn vor dummen anderweitigen erotischen Abenteuern zu bewahren!

In Weimar ist über die Beziehung kein anzügliches Wort gefallen, selbst der anfangs auf Goethes Person und Position eifersüchtige Schiller macht aus seiner Bewunderung für Charlotte von Stein kein Hehl, nennt sie, im Unterschied zu den »flachen Kreaturen ringsum«, »eine wahrhaft eigene interessante Person« und berichtet an den Freund Körner über das Verhältnis zwischen Goethe und ihr: »Man sagt, daß ihr Umgang ganz rein und untadelhaft sein soll.«

In zwei Werken hat Goethe noch vor seiner Italien-Reise seine Existenz als Dichter zu poetischer Darstellung zu bringen versucht. Das eine befaßt sich mit einer Dichterrolle, die für ihn langsam in die Vergangenheit sinkt, das andere mit einer, die seiner eigenen gegenwärtigen recht nahekommt. Der große Roman, den Goethe im Februar 1777 beginnt und bis zum Aufbruch nach Süden mit dem 6. Buch vorläufig abschließt, »Wilhelm Meisters theatralische Sendung«, stellt ein Schwellenwerk zwischen Sturm und Drang und Klassik dar: ein junger, von Shakespeare begeisterter Dramatiker sucht voller Illusionen und Enthusiasmus innerhalb einer widrigen gesellschaftlichen Wirklichkeit das deutsche Drama und das deutsche Theater zu erneuern – ein zauberhafter, realitätsgesättigter Theaterroman voller Ironie und Selbstironie, mit burlesken Partien um die Prinzipalin Madame de Reti und das alles verführende Naturkind Philine, und mit abgründig-geheimnisvollen Abschnitten um Mignon und den Harfner, aber auch mit sehr ernsthaften Reflexionen über den Auftrag und die Möglichkeiten von Theater und deutschsprachigem Drama im zweiten Drittel des 18. Jahrhunderts. Das Fragment läßt offen, ob der Held am Ende den Glauben an seine Berufung bewahrt und vor allem, ob sich diese Berufung erfüllt. Im »Torquato Tasso« spiegelt sich Aufstieg und Fall eines Dichters an einem kleinen Hof; leider ist der »Ur-Tasso«, ein Stück in Prosa, nicht erhalten, doch wird zumindest die Konfiguration in der gedruckten Fassung von 1789 der aus der voritalienischen Zeit entsprechen: der Fürst, der leitende Staatsmann und der Dichter; und der heftige Zusammenstoß zwischen Antonio Montecatino und Tasso sowie das Zusammenwirken von Dichter und Fürst im Feld politischen Handelns werden ebenfalls schon in der Frühfassung Thema des Stücks gewesen sein. Ob dies allerdings auch für Tassos Aussagen über die Voraussetzungen und Bedingungen seiner dichterischen Existenz gilt, das wird man bezweifeln müssen: sie dürften erst den Erkenntnissen, die Goethe in Italien über sich gewann, zu verdanken sein. Wenn Leonore Sanvitale in dem Stück über die zwei Figuren des Dichters und des Staatsmanns ausführt:

> Zwei Männer sinds, ich hab es lang gefühlt,
> Die darum Feinde sind, weil die Natur
> Nicht *einen* Mann aus ihnen beiden formte

dann ist, rückblickend auf Goethes erste zehn Jahre in Weimar, festzustellen, daß Goethe versucht hat, beide Rollen zu erfüllen: die des Dichters und die des Staatsmanns. Es war ein redlicher Versuch, und in beiden Rollen auch keineswegs nur erfolglos. Aber es war nicht das Goethe vorgezeichnete Leben, und darum in den mittleren achtziger Jahren eine doppelte und unerträgliche Last. Mit der Reise nach Italien hat er sie abgeschüttelt.

Fünftes Kapitel

Freies Künstlerleben

Nach zehn Jahren, in denen er seine zahlreichen Weimarer Ämter versehen hatte und auf manches Zuendegebrachte zurückblicken konnte, manches Initiierte auf gutem Wege sah, trat der Weimarer Minister einen langen Urlaub an. In aller Stille hatte er auf ihn hingearbeitet, und der Herzog hatte ihn gewährt, ohne die Dauer festzulegen und ohne vorerst das Urlaubsziel zu kennen.

Die Sommerwochen 1786 verbrachten Goethe, der Herzog, Charlotte von Stein und Herder noch gemeinsam in Karlsbad, aber nur der Herzog wußte, daß Goethe von dort nicht unmittelbar nach Weimar zurückreisen würde; Charlotte von Stein hatte schon Mitte August die Heimreise angetreten, auch sie war nicht in Goethes Pläne eingeweiht. Als vordergründiges Motiv für den Urlaub mußte die Arbeit an den »Schriften« herhalten; schon Ende 1785 hatte Goethe mit dem Verleger Göschen Verhandlungen aufgenommen, endlich eine autorisierte Ausgabe seiner Werke herauszubringen, im Juni 1786 kam der Vertrag zustande. Den überall erscheinenden Raub- und Nachdrucken sollte ein Riegel vorgeschoben werden. Für diese Ausgabe war Älteres zu überarbeiten, Unfertiges abzuschließen, die Bandfolge festzulegen, über Illustrationen zu befinden. Der Minister brauchte also Urlaub, damit der Dichter arbeiten konnte. Aber die ganze Wahrheit über Goethes Urlaubspläne war das natürlich nicht. Er wollte sich endlich einen langgehegten Wunsch erfüllen. Er wollte nach Rom.

Italien, Rom standen im 18. Jahrhundert auf dem Programm der Kavaliers- und Bildungsreisen, zu denen junge Adlige und gut gestellte Bürgerliche in der Regel am Ende ihrer Studien aufbrachen. Längere Zeit in Rom arbeiten zu können, war ferner das Bestreben junger Maler und Bildhauer, und Goethe selbst hat einigen durch die Besorgung von Stipendien dazu verholfen. Seine eigene Entscheidung für Rom ist aber in einem anderen Licht zu betrachten. Für eine der üblichen Bildungsreisen ist er mit siebenunddreißig Jahren zu alt; er ist ein berühmter Dichter, ein Naturforscher und ein hoher Beamter, als bildender Künstler kann er nur eine große Zahl von Zeichnungen vorweisen. Die in der zweiten Hälfte des 18. Jahrhunderts in der Naturforschung, in der politisch-gesellschaftlichen Entwicklung und auch in der Literatur führenden Länder waren Frankreich, England und Holland. Selbst in Wien, St. Petersburg und Berlin konnte man noch mehr von den geistigen Kräften der Epoche wahrnehmen und studieren als in Rom. Wer kein bildender Künstler war, trat mit einem immerhin fast zweiundzwanzig Monate umfassenden Rom- und Italienaufenthalt gleichsam neben sein Zeitalter – oder er fügte ihm wie Goethe eine neue Dimension hinzu. Gelegentlich blitzt in Goethes Lebenslauf der Plan auf, nach Paris zu reisen, zum Beispiel während der Studiensemester in Straßburg. Aber realisiert wurde eine Parisreise nie. Daß es Goethe eher nach Rom zog, hat verschiedene Gründe. Von Kindheit an stand ihm das gewiß in der Erinnerung verklärte Reiseerlebnis des Vaters vor Augen, in Unterricht und Studium hatte die klassische Antike, hatten die klassischen Sprachen einen großen Raum eingenommen, der Vater hatte den Sohn mehrfach zu einer Italienreise gedrängt und Goethe selbst der Verlockung nur mit Mühe widerstanden. Und noch in der Mitte des Lebens war es für ihn nicht ausgemacht, ob bildende Kunst und Kunsttheorie nicht seine eigentliche Domäne wären. Die von Johann Joachim Winckelmann ausgehende Faszination, so sehr sie zeitweise zurücktrat, behauptete sich inmitten aller Bewunderung für Jean Jacques Rousseau und William Shakespeare. In Weimar wirkten auf eine stillere Weise die literarischen Interessen und Unternehmungen Wielands und Knebels ebenfalls in diese Richtung.

Die Bedeutung und die Folgen der Goetheschen Italienreise sowohl für ihn selbst als auch für die deutsche Literatur sind kaum zu überschätzen. Sie bedeutet den entscheidenden Schritt zur Umorientierung der Poesie: fort von der engen Bindung an den aufklärerischen

Diskurs als ganzen, hin zur Autonomie der Literatur als eines eigenen Erkenntnismediums. Auf dem Weg über ein neues Verständnis der Antike in Literatur und Kunst emanzipiert sich die Dichtung endgültig aus dem Kontext von Philosophie und Theologie und tritt mit gleichem Anspruch als Wortkunst neben die argumentierenden Textsorten. Die bildenden Künste und die Naturforschung leisten dabei Hebammendienste. Goethe mußte an den Rand des aufklärerisch bewegten Europa reisen, um in das Zentrum seiner Dichtkunst zu gelangen.

Am 3. September 1786 brach er in aller Heimlichkeit aus Karlsbad auf. Der Herzog sicherte die Fortzahlung des Gehalts zu und legte noch einen Reisekostenzuschuß in Höhe etwa eines Jahresgehalts oben drauf, eine weitere hohe Einnahme war durch den Vertrag mit Göschen garantiert. In Rom selbst hatte Goethe eine preiswerte Unterkunft: seit 1782 lebte hier mit einem von Merck angeregten, von Carl August und Goethe vermittelten und von Herzog Ernst von Gotha bezahlten Stipendium der Maler Johann Heinrich Wilhelm Tischbein; seine Wohnung am Corso wurde die römische Adresse des Dichters. Bis er die Alpen im Rücken hatte, versagte sich der Reisende längere Aufenthalte, erst in Verona gönnte er sich fünf Tage Rast und verwendete einen davon zum Briefeschreiben; erst im Veneto begann er vertiefte Studien zu betreiben: in Vicenza, Padua und in Venedig selbst verbrachte er fast vier Wochen, beschäftigt vor allem mit der Baukunst Andrea Palladios und mindestens ebenso sehr mit Naturbeobachtungen, vor allem in der Botanik. Selbstverständlich ließ er sich die Geschichte und die Verfassung der »Biberrepublik« Venedig und die große venezianische Malerei nicht entgehen, sein Hauptinteresse aber liegt hier – noch – nicht. Die Reise führt weiter über Ferrara, wo Ariosts Grab und das Gefängnis Torquato Tassos besucht werden, für Bologna muß ein Tag genügen, für Florenz drei Stunden, alle weiteren berühmten Orte wie Arezzo und Assisi sind nur Übernachtungsstationen.

Am 29. Oktober trifft Goethe in Rom ein. Während der Reise hat er kaum mehr als ein Dutzend Briefe nach Weimar geschrieben, niemand außer dem Herzog kannte die Reiseroute. Er führte aber ein genaues Tagebuch mit einer Fülle von Beobachtungen zu Land und Leuten, Klima und Pflanzenwelt, Sitten und Gebräuchen. Es war für Charlotte von Stein bestimmt. Goethe wußte noch nicht, wie sehr sich die Adressatin durch ihn gekränkt fühlte, er erfuhr es erst am 9. Dezember in Rom, als er mit einem Brief von Seidel nur ein »Zettelgen« von ihrer Hand empfing. Andere in Weimar waren zumindest verwundert, da aber der Herzog unerschütterlich zu seinem Freund stand, hielt sich das Gerede in Grenzen. Alle praktischen Dinge für Goethes Hausstand und die Kontakte mit Göschen, soweit sie Technisches und Finanzielles betrafen, besorgte Philipp Seidel auf das beste, auch Herder war am Zustandekommen der einzelnen Bände der »Schriften« als wichtiger Helfer beteiligt. Schon vor dem Aufbruch nach Italien, dann während der Reise und schließlich in den ersten Monaten in Rom hatte Goethe an der Neufassung der »Iphigenie« gearbeitet, und gerade in Rom fand er einen neuen Gesprächspartner in Karl Philipp Moritz. In Moritz begegnete ihm ein vorzüglicher Kenner der griechischen und römischen Mythologie, soeben war seine »Prosodie« erschienen, die für Goethe zum Leitfaden seiner eigenen Verskunst in der endgültigen Fassung der »Iphigenie« wurde. Mit ihm konnte er alle metrisch-rhythmischen Fragen besprechen, ehe er im Januar 1787 das abgeschlossene Manuskript nach Weimar schickte und Herder autorisierte, es nach einer letzten Durchsicht an Göschen zum Druck zu senden. Die kunsttheoretischen Gespräche zwischen den beiden Deutschen in Rom fanden ihren Niederschlag in Moritz' Abhandlung »Über die bildende Nachahmung des Schönen«, 1788 gedruckt und in einem Auszug später in Goethes »Italienische Reise« aufgenommen. Sie ist die Magna Charta der Autonomieästhetik, denn sie verortet die Kräfte, die das Kunstwerk hervorbringen, jenseits der »Denkkraft«; und sie ist ein Gründungsdokument der Produktionsästhetik, indem sie den Nachvollzug des kunstschaffenden Prozesses, dessen nur der Produktive selbst fähig ist, zum höchsten Genuß des Schönen erhebt.

Das zweite Drama, das nach der »Iphigenie« in Italien endlich fertig werden sollte, ist das Trauerspiel »Egmont«, dessen Anfänge schon mehr als zwölf Jahre zurücklagen. In der zweiten Hälfte des Jahres

1787 wurde auch diese Aufgabe bewältigt, und Goethe beauftragte den Zürcher Komponisten Philipp Christoph Kayser mit der Vertonung der dafür von Anfang an vorgesehenen Partien. Im Zusammenwirken mit Kayser nimmt er anschließend die Umarbeitung der Singspiel-Texte »Erwin und Elmire« und »Claudine von Villa Bella« in Angriff. Auch was zum »Faust«, was zum »Tasso« bis 1786 vorlag, führte Goethe mit sich. Beide Stücke, vor allem der »Tasso«, wurden in Italien wesentlich gefördert, zum endgültigen Abschluß des »Tasso« und zum vorläufigen des »Faust« – »Faust. Ein Fragment« – kam es aber erst nach der Rückkehr nach Weimar. Den »Wilhelm Meister«-Roman hatte Goethe gar nicht erst für die »Schriften« bei Göschen vorgesehen, hier sah er sich nicht unter Terminzwang gesetzt. Dennoch verliert er auch in Italien das Werk nicht aus den Augen, gelegentlich taucht der Roman in den Reiseberichten und Reisebriefen auf, stets in dem Sinn, daß hier Goethes neue Erkenntnisse über Welt und Geschichte, Kunst und Religion ihren Niederschlag finden sollten. Das geschah denn auch, aber erst nach mehreren Jahren in der Zeit der engen Zusammenarbeit mit Schiller.

Goethe hatte das Glück, daß sein großzügiger herzoglicher Freund ihm mehrfach eine Verlängerung des Urlaubs zugestand. War zunächst an ein Jahr als Maximum gedacht, so verlängerte die Zeit sich bald bis Weihnachten 1787, schließlich kam man überein, daß Goethe Ostern 1788 die Heimreise antreten sollte. So ergeben sich fünf größere Epochen: zwei Monate Hinreise, ein erster Rom-Aufenthalt von etwa vier Monaten, eine knapp vier Monate dauernde Reise mit längeren Aufenthalten in Neapel und sechs Wochen auf Sizilien, ein zweiter Rom-Aufenthalt von beinahe elf Monaten und eine gemächliche Heimreise, die wiederum fast zwei Monate dauerte. Die Fülle des Aufgenommenen und Verarbeiteten ist immens. Im Mittelpunkt des alten Orbis Romanus und im Mittelpunkt der katholischen Weltkirche bildet Goethe in sich einen Universalismus aus, der, auf gründlicher Kenntnis der Antike aufruhend, ihn später befähigen sollte, in noch weitere Zeiten und Räume auszugreifen. Geschichte interessierte ihn fortan nur noch so weit, wie sie sich am Maßstab dieses Universalismus messen ließ. Und der Universalismus selbst baute sich auf aus dem, was Goethe später »Urphaenomene« nannte, Erscheinungen, die in wechselnder Gestalt und dennoch unverwechselbarer Identität in allen Erdzonen und zu allen Zeiten aufzuspüren sind. Unter allen Bereichen, mit denen sich Goethe befaßte, über die er berichtete, zu denen er Sammlungen anlegte, bringt er Natur und Kunst die größte Aufmerksamkeit entgegen.

Es ist nicht nur Diplomatie, wenn er in Briefen nach Weimar immer wieder davon spricht, wie sehr er sich als Anfänger und Schüler in der Kunst fühlt. Ausübende Künstler waren sein bevorzugter Umgang, durch Tischbein lernte er die Malerin Angelika Kauffmann und ihre Freunde Friedrich Bury, Johann Georg Schütz, den Bildhauer Alexander Trippel, den Archäologen Johann Friedrich Reiffenstein und den Schweizer Maler und Kunstgelehrten Johann Heinrich Meyer kennen, auch Johann Heinrich Lips begegnete ihm hier wieder, den er schon von den beiden Schweizer Reisen her kannte. In Neapel erweitert sich dieser Bekanntenkreis um Jacob Philipp Hackert und Christoph Heinrich Kniep. Goethe verkehrt mit ihnen allen als Künstler unter Künstlern, er liest aus seinen neuen poetischen Werken vor und ist selbst ein Lernender in den Elementen der Malerei, der Bildhauerei, der Architektur und des Zeichnens. In letzterem und in der Technik des Aquarellierens nimmt er regelrecht Unterricht, studiert Anatomie und Perspektive und lernt nicht zuletzt dadurch, daß er mit den Berufskünstlern gemeinsam zum Zeichnen in die Landschaft oder in die Ateliers zieht. Gemeinsam werden die Meisterwerke der Antike in Architektur und Skulptur betrachtet und analysiert, gemeinsam wird über die große Malerei und Baukunst der Renaissance diskutiert. Im Kreis seiner Künstlerfreunde lebt Goethe gleichsam in der Atmosphäre einer Kunstakademie, wie er sie noch auf keiner seiner Lebensstationen angetroffen hatte. Sein Genie der Anschauung und der Werkanalyse ergänzen sich aufs beste mit der künstlerischen Praxis seiner neuen Bekannten. Er selbst wird mehrfach zum Sujet, am berühmtesten in Tischbeins großem Gemälde »Goethe in der Campagna« von 1787.

Ein Interesse verfolgt Goethe allerdings fast allein, nämlich seine Naturstudien, vor allem in der Botanik. Von tastenden Schritten am Beginn der Reise angefangen, kann er an ihrem Schluß das Ergebnis seiner Pflanzenbeobachtungen nicht nur schlüssig formulieren, sondern, was noch wichtiger ist: er kann seine Einsichten über Kunst und Natur miteinander verknüpfen und damit die beiden Hauptfelder seiner Tätigkeit vereinen. Im Mittelpunkt seiner Theorie der Botanik steht die Vorstellung der »Urpflanze«. Schon im Botanischen Garten der Universität Padua meldet sich diese Vorstellung, in Palermo, in Neapel kehrt sie wieder, und sie wird noch Gegenstand des großen Gesprächs mit Friedrich Schiller im Sommer 1794 sein. Anfangs glaubte Goethe noch, in der Fülle südländischer Vegetation diese Urpflanze, den Archetyp der gesamten Pflanzenwelt, als reales Gewächs auffinden zu können. Später geht ihm auf, daß es sich bei der Vorstellung der Urpflanze um die Wahrnehmung eines »Musters«, eines »Modells« oder mit einem anderen Wort: eines Typus handelt. Diesem Muster wohnen Entwicklungskräfte inne, welche in gesetzmäßigem Verlauf das Modell nicht als solches, sondern in lebendiger Abwandlung zur Erscheinung bringen. Die Grenzen der Botanik überschreitend, entwickelt Goethe seine Lehre von der Metamorphose als einem universalen Prinzip. Seiner Typusvorstellung und seiner Metamorphosenlehre wohnt von vornherein ein dynamisches Moment inne, in keiner Phase der Vorgänge von Gestaltung und Umgestaltung ist das Erscheinende zu fixieren, Termini wie »Idee« oder »Begriff« verfehlen daher das Lebendig-Stetige des Vorgangs. Die Gesetzmäßigkeit des Wachstumsvorgangs schließt überdies Willkür aus, das Modell generiert aus sich »konsequente« und »notwendige« Gestaltungsverläufe, so daß dem Erscheinenden in allen Stadien der Metamorphose Objektivität zukommt. In seiner Sturm und Drang-Zeit hatte Goethe die Natur, wenn er diskursiv von ihr sprach, als Kraft des Schaffens und Kraft des Zerstörens nur recht allgemein bestimmen und ihr die produktive Kraft des Künstlergenies entgegensetzen können. Jetzt in Italien nimmt sein in unablässigen Beobachtungen geschulter Blick differenzierte und auch für das künstlerische Schaffen Maßstäbe setzende Gestaltungsvorgänge wahr. Das ist gemeint, wenn er den antiken Künstlern eine »große Kenntnis der Natur« zuerkennt und feststellt: »Diese hohen Kunstwerke sind zugleich als die höchsten

Naturwerke von Menschen nach wahren und natürlichen Gesetzen hervorgebracht worden.« Damit ist ein Grundsatz des nun einsetzenden Klassizismus formuliert, der auf Jahrzehnte Goethes dichterische Praxis und seine Urteile über Kunst leiten wird. Die in Italien vollendeten Werke bezeugen es als erste, und die Überführung von »Wilhelm Meisters theatralischer Sendung« in die Konzeption von »Wilhelm Meisters Lehrjahren« wäre ohne die in Italien gewonnenen Einsichten in universale Gestaltungsprinzipien nicht möglich gewesen.

Den südlichsten Punkt seiner großen Reise erreichte Goethe auf Sizilien, wohin er sich von Neapel aus zu Schiff begab. Die Fahrt übers Meer, verbunden mit der im 18. Jahrhundert noch geläufigen Ansicht, Sizilien entspreche der Homerischen Insel der Phäaken, brachte den Dichter über die römische Sphäre hinaus in die griechische Welt, in die Welt der »Odyssee«. Die wenigen Fragmente eines Trauerspiels »Nausikaa« gehören zum Schönsten, das Goethe in Italien neu schrieb: eine Szene ballspielender Jungfrauen am Strand, die Schilderung des Gartens des Alkinoos aus dem Munde der Nausikaa, die träumerisch erwachende Liebe in dem jungen Mädchen – alles vom Licht einer südlichen Küstenlandschaft durchstrahlt: »Ein weißer Glanz ruht über Land und Meer/Und duftend schwebt der Aether ohne Wolken«. Ohne das eigentliche Griechenland zu betreten, imaginiert Goethe an seinem Rande ein poetisches Hellas mit allen Zügen eines irdischen Paradieses.

Anfang Juni 1787 ist Goethe wieder in Rom. Während der erste römische Aufenthalt ein halbes Jahr zuvor kaum mehr sein konnte als eine Orientierung und Goethe sich überwiegend rezeptiv verhalten mußte, nimmt er nun nochmals Unterricht im Zeichnen, zunächst bei Hackert, später auch bei Maximilian von Verschaffelt und bei Meyer. Allmählich sieht er ein, daß es zum bildenden Künstler nicht reicht. Auf den 22. Februar 1788 ist in der »Italienischen Reise« ein Brief datiert, der das Fazit zieht: »Täglich wird mirs deutlicher, daß ich eigentlich zur Dichtkunst geboren bin und daß ich die nächsten zehen Jahre, die ich höchstens noch arbeiten darf, dieses Talent excolieren und noch etwas Gutes machen sollte, da mir das Feuer der Jugend

manches ohne großes Studium gelingen ließ. Von meinem längern Aufenthalt in Rom werde ich den Vorteil haben, daß ich auf das Ausüben der bildenden Kunst Verzicht tue.« Die erste Konsequenz ist die, daß Goethe noch in Rom den »Faust« wieder gründlich vornimmt und die Neukonzeption des »Tasso« angeht.
Am 23. April 1788 wird die Rückreise angetreten, und nun legt Goethe in Florenz eine Pause von zwei Wochen ein, in Bologna eine von zehn Tagen, in Mailand eine von sechs Tagen. Nochmals steht er vor großen Werken der Renaissance-Kunst und nimmt Eindrücke mit, die unverkennbar in seine eigene dichterische Bildlichkeit eingehen und bis ins Spätwerk erkennbar bleiben, immer wieder mit Hilfe von Kupferstichwerken in der Erinnerung aufgefrischt. Eine neue Gestalt hält in Goethes episches und essayistisches Werk Einzug: der Kunstsammler, und die Sammlung italienischer Gemälde in »Wilhelm Meisters Lehrjahren« macht den Anfang.
Am 18. Juni 1788 trifft Goethe wieder in Weimar ein. Die nun anbrechende Zeit wird eine der schwierigsten in Goethes Weimarer Leben. So interessiert manche der Freunde die oft ausführlichen und eingehenden Rundbriefe des Dichters aufgenommen hatten, so gab es doch niemanden in der Residenz, der aus eigener, früherer Rom-Kenntnis Goethes Erfahrungen hätte nachvollziehen können. Die kunstvolle gesellige Balance, von der man für die Zeit vor der Italienreise sprechen kann, war dahin: ein Zeichen dafür, daß es Goethe gewesen war, der sie aufrecht erhalten hatte. Der Weimarer Freundes- und Bekanntenkreis hatte sich in zwei Lager gespalten: die einen, die sein langes Ausbleiben für Egoismus, die Ausschließlichkeit, mit der er sich seinen Erfahrungen in Poesie, Kunst und Natur hingegeben hatte, für unangebracht hielten; und die anderen, die, von Goethes Berichten entflammt, gern selbst solcher Erlebnisse teilhaftig werden wollten, allen voran die Herzoginmutter Anna Amalia. Tatsächlich war auch Goethe nicht als derselbe heimgekehrt, als der er aufgebrochen war. In Italien hatte er sich entschieden, künftig so ausschließlich wie möglich seiner Dichtung zu leben, und Carl August war großzügig genug, Goethes Wunsch nachzukommen und ihn von den meisten Staatsgeschäften zu entbinden. Nur für die der Bildung,

Kunst und Wissenschaft dienenden Institutionen in der Residenz und im Herzogtum arbeitete der Dichter weiter in verantwortlicher Position. Der Verzicht auf ein weiter zielendes Wirken im Fürstenstaat und auf das damit notwendig zusammenhängende soziale und humanitäre Engagement für das Ganze galt manchem als ein weiterer Beweis für Goethes Egoismus. Hatte man sich vor der römischen Zeit mit des Dichters eigenwilliger Religiosität noch abgefunden, solange man ihm moralisch nichts vorwerfen konnte, so fand sich nach seiner Rückkehr gerade dafür nun scheinbar Grund und Anlaß.
Kurze Zeit nur nach der Rückkehr lernte er am 12. Juli Christiane Vulpius kennen und nahm sie in sein Haus auf, der Beginn einer Lebensgemeinschaft, die achtundzwanzig Jahre andauern sollte. Sogleich zeigte die eng miteinander verflochtene Gesellschaft der kleinen Stadt ihre häßlichen Züge. Das schon stark erschütterte Freundschaftsverhältnis zu Charlotte von Stein ging endgültig in die Brüche; gewiß war ihre Verzweiflung echt, aber sie verzerrte auch das Bild Goethes und seiner Geliebten bis ins Denunziatorische. Eine erotische Eskapade hätte man Goethe wohl noch verziehen, eine uneheliche Lebensgemeinschaft auf Dauer aber nicht. Goethe liebte diese Frau, die aus einfachsten Verhältnissen kam, und als am 25. Dezember 1789 ihr gemeinsamer Sohn August geboren wurde, war ihm seine junge Familie das sicherste Refugium in einer ihm kühl gegenüber stehenden Weimarer Welt. Christiane schenkte ihm Wärme und Vertrauen, und er gab ihr beides auch seinerseits. Alles an ihr bezauberte ihn, in mehreren Zeichnungen hat er ihr Gesicht und ihre Gestalt festgehalten, ihre Natürlichkeit, ja Naivität gewann ihr später auch sogleich das Herz der Mutter Catharina Elisabeth. Für Goethe war sie das unverdorbene Naturkind, und daß sie von Kunst und Literatur nichts verstand und auch nicht vorgab, etwas davon zu verstehen, entzückte ihn nur noch mehr. Am souveränsten unter den Weimarern nahmen, neben Carl August und seiner Mutter, Knebel und Wieland den nachitalienischen Goethe und seine unkonventionelle Herzensbindung an, während Herder und seine Frau Caroline, obwohl innerlich mehr zu Charlotte von Stein neigend, eine Position in der Mitte bewahrten. Zu Goethes Freude kam Ende 1788 für acht

Wochen der Freund aus römischen Tagen, Karl Philipp Moritz, nach Weimar. Mit ihm konnte er die in Italien begonnenen Kunstgespräche fortsetzen und die Metrik der inzwischen erarbeiteten Teile des »Tasso« durchgehen. Das Schauspiel erschien 1790 im sechsten Band der »Schriften«.
Überhaupt begann Goethe, kaum nach Weimar zurückgekehrt, eine schriftstellerische Aufarbeitung seiner Italienerlebnisse, die erst in hohem Alter mit der Drucklegung des dritten Teils der »Italienischen Reise« 1829 abgeschlossen sein wird. In Wielands »Teutschem Merkur« erschien sogleich eine Reihe kunsttheoretischer und volkskundlicher Aufsätze, die Abhandlung »Das Römische Karneval« wurde mit illuminierten Kupfertafeln von Georg Melchior Kraus nach Zeichnungen von Johann Georg Schütz 1789 als Einzelband gedruckt. Das Leben in Rom und die Liebe zu Christiane aber verbanden sich in dem schönsten lyrischen Werk, das Goethe seiner Italienreise verdankt, den »Römischen Elegien«. Goethe knüpft an die Liebeselegie an, wie sie von Catull, Properz, Tibull und Ovid zur Zeit des Kaisers Augustus gepflegt wurde, und schreibt einen Zyklus von vierundzwanzig »Erotica Romana« in antikem Versmaß. Die Perspektive ist die des modernen Romreisenden, der in der Hauptstadt der Welt Kunststudien betreibt, dichtet und die Nächte bei seiner Geliebten zubringt. Das Werk realisiert eine Synthese von Altertum und Gegenwart, Natur und Geschichte, Heidentum und wenigen Elementen des katholischen Rom; die Stadtlandschaft ist durchglänzt von südlichem Licht und südlichen Farben, die dem Nebel des Nordens und der selbstbezogenen Innerlichkeit entgegengesetzt werden. Im Zyklus trägt die Geliebte den Namen Faustina und ist eine junge Witwe mit einem kleinen Kind. Das Verhältnis mit dem Fremden aus dem Norden hat seine materiellen Aspekte und ist nicht auf Dauer angelegt, und dennoch ist es von herzlicher Liebe bestimmt. So wird der Zyklus zu einem Hymnus auf den glücklichen, erfüllten Augenblick, ja dieser Augenblick selbst wird in der Gestalt eines geliebten Mädchens personifiziert. Erst nach einigen Jahren und auch dann nur mit Auslassungen hat der Dichter die Texte publiziert, und für viele, die dem aus Rom zurückgekehrten Goethe ohnehin grollten, waren sie eine Be-

stätigung für seinen moralischen Verfall. Aber die jungen Romantiker in Jena, allen voran August Wilhelm Schlegel, waren begeistert. Goethes Berichte aus Italien verlockten andere in Weimar, sich ebenfalls auf den Weg in den Süden zu machen. Als erste bestieg die Herzoginmutter Anna Amalia die Kutsche: mit ihrem Leibarzt, der Hofdame Luise von Göchhausen und dem Kammerherrn Friedrich Hildebrand von Einsiedel brach sie am 15. August 1788 auf und traf am 4. Oktober in Rom ein. Gleichzeitig reiste auch Herder und verbrachte einige Zeit zusammen mit der Herzoginmutter in Italien. Während die Fürstin ganz unbefangen mit Goethes römischen Künstlerfreunden verkehrte, wurde für Herder der Romaufenthalt zu einer Enttäuschung, und das lastete er wenigstens zum Teil Goethe an, der ihn falsch beraten habe. »Goethe spricht über Rom wie ein Kind und hat auch wie ein Kind, freilich mit aller *Eigenheit*, hier gelebet; deshalb er's denn auch so sehr preiset. Ich bin nicht Goethe, ich habe auf meinem Lebenswege nie nach seinen Maximen handeln können; also kann ich's auch in Rom nicht«, schreibt er im November aus Rom an seine Frau. Man spürt den Unmut des Generalsuperintendenten, der mehr eine Gelehrten- als eine Künstlernatur war, und in den kommenden Jahren werden die Spannungen zwischen den alten Freunden zunehmen. Der Dichter selbst kargte nicht mit der Mitteilung seiner Erfahrungen, mit Warnungen und mit Empfehlungen. Auf Wunsch Carl Augusts reiste er selbst im März 1790 nach Venedig, um von dort aus Anna Amalia auf der Heimfahrt zu begleiten. Diese zweite Italienreise fiel Goethe sichtlich schwer, da er sich nur ungern von Christiane und seinem kleinen Sohn trennte. Noch einmal stand er vor Palladios Bauten in Vicenza und unternahm ein äußerst gründliches Studium der venezianischen Malerei. Auch einen Aufsatz über Gemälderestaurierung brachte er von der Reise mit. Trotz allen Fleißes blieb seine Stimmung während dieses Vierteljahrs – im Juni erst kam er mit Anna Amalia zurück – eher trüb, man merkt es den »Venezianischen Epigrammen«, die er damals dichtete, deutlich an. Goethe wandelt hier auf den Spuren Martials, und die meisten der Epigramme sind satirischen, zum Teil sogar polemischen Charakters. Doch gibt es auch Lobgedichte in der Sammlung, und eins gilt dem

Fürsten, dessen Großzügigkeit er es verdankte, daß er sich den Traum eines freien Künstlerlebens in Italien erfüllen konnte:

Klein ist unter den Fürsten Germaniens freilich der meine;
Kurz und schmal ist sein Land, mäßig nur, was er vermag.
Aber so wende nach innen, so wende nach außen die Kräfte
Jeder; da wär's ein Fest, Deutscher mit Deutschen zu sein.
Doch was preisest du Ihn, den Taten und Werke verkünden?
Und bestochen erschien' deine Verehrung vielleicht;
Denn mir hat er gegeben, was Große selten gewähren,
Neigung, Muße, Vertraun, Felder und Garten und Haus.
Niemand braucht' ich zu danken als Ihm, und manches bedurft' ich,
Der ich mich auf den Erwerb schlecht, als ein Dichter, verstand.
Hat mich Europa gelobt, was hat mir Europa gegeben?
Nichts! Ich habe, wie schwer! meine Gedichte bezahlt.
Deutschland ahmte mich nach, und Frankreich mochte mich lesen.
England! freundlich empfingst du den zerrütteten Gast.
Doch was fördert es mich, daß auch sogar der Chinese
Malet, mit ängstlicher Hand, Werthern und Lotten auf Glas?
Niemals frug ein Kaiser nach mir, es hat sich kein König
Um mich bekümmert, und Er war mir August und Mäcen.

Sechstes Kapitel

Jahre der Freundschaft

Es war beinahe ein letzter Moment, zu dem Goethe in Italien eine Frist zur Klärung seiner dichterischen Bestimmung vergönnt war. Wenig später begann mit der Französischen Revolution ganz Europa in Bewegung zu geraten, und bis an sein Lebensende sollte sich Goethe in den immer wiederholten Modernitätsschüben seiner selbst vergewissern müssen.

Weimar war nicht so abgelegen, daß es von der Dynamik der Epoche unberührt geblieben wäre, auch Goethes Leben wurde in die Ereignisse hineingerissen. Und nicht nur sein Leben, sondern auch sein Werk. Bis hin zum »Helena«-Akt von »Faust II« war es ihm nicht möglich, nach der »Iphigenie« einen zweiten antiken Stoff in der großen Form, sei es des Dramas, sei es des Hexameter-Epos, zu bearbeiten. Eine »Iphigenie in Delphi« blieb Plan, das »Nausikaa«-Drama und ein Epos »Achilleis« bleiben Fragment. Als Nachfolger Homers, als »Homeride«, gelang ihm das komische Tierepos »Reineke Fuchs« und das bürgerlich-moderne Hexameterepos »Hermann und Dorothea« – der Versuch, einen Gegenwartsstoff, die Flucht und die Neuansiedlung einer vor den Revolutionstruppen ins Exil gegangenen Dorfgemeinschaft, in der antiken Versgestalt zu stabilisieren. Was das Epos mittlerer Stilhöhe noch zuließ, scheiterte in der Gattung des Dramas. Außer einigen kleineren, schon in der Stoffwahl zu kurz greifenden Bühnenstücken konzipierte Goethe nach antikem Vorbild eine Dramentrilogie hohen Stils, die das Schicksal der Stéphanie Louise de Bourbon-Conti, eines illegitimen Sprosses des französischen Hochadels, auf der Grundlage von deren Memoiren zum Ausgangspunkt nimmt. Nur das erste Stück, »Die natürliche Tochter«, hat der Dichter 1803 vollendet; so monumental das Drama als Familientragödie und als Exempel einer hochklassizistischen, den Blankvers souverän als Dialog- und Monologvers einsetzenden Dramensprache vor dem Leser steht und so reich sein Gehalt ist, als Auseinandersetzung mit der Französischen Revolution bleibt es verfehlt. Allenfalls beleuchtet es eine Phase aus deren Vorgeschichte, den Verfall des Ancien Régime. Der Stilisierungszwang der antikisierenden Formensprache läßt jene extensive Welthaltigkeit nicht zu, ohne die die Wucht der geschichtlichen Vorgänge nicht zu vermitteln ist. Es ist kein Zufall, daß das bedeutendste Revolutionsdrama der deutschen Literatur, Georg Büchners »Dantons Tod«, formal an Goethes »Egmont« anknüpft, an ein Drama in Prosa, das in der Tradition der deutschen Shakespeare-Aneigung und nicht der Antikerezeption steht. Die überzeugendsten Resultate in Goethes Werk im Jahrzehnt nach der Rückkehr aus Italien, soweit von Versgattungen die Rede ist, finden sich denn auch in den kleinen Formen der Elegie, des Epigramms und des Lehrgedichts. Hingegen erreicht Goethes erzählende Prosa mit dem Roman »Wilhelm Meisters Lehrjahre« und dem Geschichtenzyklus »Unterhaltungen deutscher Ausgewanderten« einen neuen Gipfel.

Bis es dahin kam, mußte sich die Lebenssituation Goethes in Weimar erst wieder befestigen. Kaum von der zweiten Italienreise zurückgekehrt, wird der Dichter von seinem Herzog, der seit 1788 General in preußischen Diensten ist, im Sommer 1790 zu Manöverbeobachtungen nach Schlesien gerufen. Knapp zwei Jahre später teilt er das Lagerleben der weimarischen Truppen im Krieg gegen die französische Revolutionsarmee und begleitet sie ein Stück weit auf ihrem strapazenreichen Rückzug; wiederum ein halbes Jahr später, von Mai bis Ende August 1793, liegt er mit der Armee der verbündeten Fürsten vor Mainz, bis die dort regierenden Jakobiner kapitulieren. Damals verbringt Goethe zum letzten Mal einige Nächte in seinem Elternhaus, schon 1795 wird es verkauft, und Catharina Elisabeth Goethe zieht in ihre Wohnung am Roßmarkt um.

Während dieser unruhigen Jahre verändert sich auch in Weimar die Szene. 1790 ist die achtbändige Ausgabe der »Schriften« Goethes abgeschlossen: sie enthält alles, was der Dichter von seinen Anfängen in

Leipzig bis zum Italienaufenthalt aus seinem Werk gelten lassen mochte – eine eindrucksvolle Zwischenbilanz. Schon von 1792 an beginnen »Goethes neue Schriften« zu erscheinen, sie wachsen allmählich auf sieben Bände an. Im selben Jahr macht Herzog Carl August seinem Freund das Haus am Frauenplan zum Geschenk; beinahe vierzig Jahre, bis zu seinem Tod, bleibt es von nun an der Lebensmittelpunkt für Goethe und seine Familie. Das Personal bestand in der Regel aus fünf bis sechs Köpfen. Auch für die Sammlungen des Hausherrn ist genug Raum vorhanden; seit der Italienreise haben sie sich stark vermehrt und werden in den folgenden Jahrzehnten immer weiter ausgebaut. Was der Vater Johann Caspar Goethe in schon nicht mehr kleinem Stil begonnen hatte, setzt der Sohn mit weiterem Horizont, überlegener Kennerschaft und unter Einsatz größerer Summen fort. Als er 1832 stirbt, haben seine Bibliothek, seine Kunstsammlungen, seine naturkundlichen Sammlungen nach Qualität und Quantität Museumsrang erreicht. Für all dies einen würdigen Rahmen zu schaffen, zog der Dichter den in Rom gewonnenen Schweizer Freund Johann Heinrich Meyer zu Rate. Im Winter 1792/93 machten sich beide an die Arbeit, nahmen einige bauliche Veränderungen vor und versahen das Haus mit einer Raumaufteilung, der die künstlerische Dekoration und die Innenausstattung nach und nach folgten. Noch heute vermittelt das Haus den authentischen Eindruck, den es zu Goethes Lebzeiten den zahlreichen Gästen des Dichters bot: sorgfältig getrennt von den klassizistisch gestalteten Repräsentationszimmern die bürgerlich-bequeme Wohnwelt Christianes und der karg ausgestattete Arbeitsraum des Hausherrn mit der umfangreichen häuslichen Bibliothek. Unmittelbar an die Rückseite des Hauses grenzt ein großes unbebautes Areal, das zum einen Teil als Nutzgarten, zum anderen als Ziergarten gestaltet wurde. Mit der endgültigen Inbesitznahme des Hauses am Frauenplan hat der Dichter sein definites Zuhause in Weimar gefunden, hier und im Gartenhaus am Ilmhang verbringt er von nun an seine mittleren und späten Weimarer Jahre.

Hier erleben ihn auch zumeist die jüngeren Freunde, die er nach der Rückkehr aus Rom um sich schart. Johann Heinrich Meyer, der Goethes engster Berater in Architektur, bildender Kunst und Malerei und einer der fleißigsten Mitarbeiter bei seinen verschiedenen Projekten werden wird, lebt bis 1802 mit dem Dichter unter einem Dach, in Goethes nächster Nähe bleibt er bis zu dessen Tode. Seinen Lebensunterhalt verdient er als Lehrer an der Freien Zeichenschule. Auch Johann Heinrich Lips erhält einen Ruf an die Zeichenschule, er kehrt allerdings schon 1795 in seine Heimatstadt Zürich zurück.

Mit der Niederlassung Wilhelm von Humboldts und seiner jungen Familie in Jena, die freilich nicht Goethes, sondern Schillers wegen zustande kam, bahnt sich eine der fruchtbarsten Beziehungen zu einem Vertreter der jüngeren Generation an. Humboldt war zweiundzwanzig Jahre alt und kam soeben aus dem revolutionär aufgewühlten Paris, als er Goethe 1789 erstmals flüchtig begegnete; von 1794 an sehen sich beide häufig in Jena, und die Korrespondenz zwischen ihnen reißt bis zu Goethes Tod nicht mehr ab. Goethes letzter Brief, fünf Tage vor seinem Ableben diktiert, ist an niemand anderen als an Wilhelm von Humboldt gerichtet.

Hatten im ersten Weimarer Jahrzehnt die Herzogsfamilie und die Angehörigen des Hofes, ergänzt um Wieland und Herder, Goethes engeren Kreis ausgemacht, so verschieben sich jetzt die Gewichte, wobei das intellektuelle Leben im nahen Jena noch näher an Goethe heranrückt als zuvor. Im frühen Weimarer Bekanntenkreis trug den der Zahl der veröffentlichten Werke nach noch am Anfang Stehenden die enge Bindung an den Herzog. Jetzt trägt ihn der durch die »Schriften« aller Welt vor Augen liegende dichterische Rang allein; das Haus am Frauenplan entwickelt sich zu einem zweiten Zentrum neben dem herzoglichen Schloß, und dies umso mehr, als der Landesherr in den Jahren der Revolutionskriege seltener in seiner Residenz anzutreffen ist. Noch immer erweist sich Goethe seinem Herrn und Freunde dienstwillig und übernimmt Aufgaben im Lande: der Bergbau in Ilmenau beschäftigt ihn weiter, in einer neu gegründeten Wasserbaukommission führt er den Vorsitz. Das besondere Engagement des Künstlers Goethe aber galt zwei weiteren Initiativen des Herzogs: dem Wiederaufbau des Weimarer Schlosses, das seit 1774 in Trümmern lag – jetzt, im März 1789, nimmt man endlich seine Herstellung in Angriff, und sie wird sich vierzehn Jahre hinziehen – und der Einrichtung und Leitung des Weimarer Hoftheaters. Gerade dieses zweite Amt, so sehr es den Bühnenautor reizte und ihm beglückende Augenblicke schenkte, brachte doch auch erheblichen Ärger mit sich. Goethe übernahm es im Januar 1791, und schon nach fünf Jahren wäre er es gern wieder losgeworden, behielt es dann aber bis zum Ende der Spielzeit 1816/1817 bei. Jahrelang kümmerte er sich um alles: Spielplan und Inszenierungen, Kassenwesen und Gastspiele. In fünfundzwanzig Jahren entstand ein Repertoire von erstaunlicher Breite, zu dessen Kernbestand natürlich Goethes eigene und Friedrich Schillers Bühnenwerke gehörten, das sich aber den Jüngeren nicht verschloß, es mit Dramen der Romantiker versuchte und Calderón in Deutschland bekannt machte, freilich oft genug auch auf die trivialen, aber den Schauspielern begehrte Rollen bietenden Stücke von August von Kotzebue, August Wilhelm Iffland und anderen zurückgriff. Gespielt wurde an 160 Tagen im Jahr, und während Goethes Intendanz wurden 600 Bühnenwerke inszeniert. Sogar der Schulung von Nachwuchsschauspielern wandte Goethe seine Aufmerksamkeit zu. Eine stille Helferin im Hintergrund bei der Schlichtung von Querelen unter den Mitgliedern des Ensembles wurde in all den vielen Jahren Christiane, während ihr Bruder Christian August Vulpius von 1791 bis 1797 stetig, später noch gelegentlich als Dramaturg mitwirkte.

Goethe begann nun auch, unabhängig vom Hof wissenschaftliche und kulturelle Akzente zu setzen. Als erstes gründete er eine Art freier Akademie, die »Freitagsgesellschaft«: hier versammelte sich unter strikten Statuten und bei regelmäßiger Protokollführung das intellektuelle Weimar zu wissenschaftlichen Vorträgen und physikalischen Experimenten. Mitglieder des Herzoghauses und Professoren aus Jena waren bei einzelnen Sitzungen gern gesehene Gäste. Goethe selbst stellte in diesem Kreis seine ersten Erkenntnisse zur Optik vor, die ihn seit Anfang 1790 fesselte, ihn zu immer weiter ausgreifenden Forschungen führte und die er schließlich 1810 in seiner umfangreichen »Farbenlehre« zusammenfaßte. Die Dichtung spielte in dieser gelehrten Gesellschaft keine Rolle. Als die schriftstellerische Produktivität wieder erwachte, war es mit den regelmäßigen Sitzungen bald zu Ende. Für die Poesie wurde später ein eigener Zirkel geschaffen, das »Mittwochkränzchen«; Goethe gründete es im Oktober 1801, und in dieser Runde ging es geselliger und lockerer zu, unter regem Anteil der Damen. Nach Schillers Tod 1805 löste sich auch dieser Kreis wieder auf. Ihm folgte die »Mittwochsgesellschaft« in Goethes Haus, die sich überwiegend aus Damen des Hofes zusammensetzte, mitunter wöchentlich tagte und Goethe Gelegenheit bot, vor einem Publikum mit geringen fachlichen Voraussetzungen seine physikalischen Studien auszubreiten, in der aber auch die Poesie ihren Platz behielt. Durch die Aktivitäten im Haus am Frauenplan wurde aus dem Musenhof Weimar mehr und mehr die Dichter- und Künstlerstadt Weimar. Die Aufgeschlossenheit der Herzogsfamilie blieb freilich eine unabdingbare Voraussetzung für deren Gedeihen. Es traten aber noch andere Umstände ein, die die Entwicklung begünstigten.

Während Goethe sich in Italien aufhielt, kam 1787 zum ersten Mal Friedrich Schiller nach Weimar. Auch den Herzog traf er nicht an, der gerade nach Potsdam abgereist war. Daß aus diesem Besuch ein bleibender Aufenthalt in Weimar und Jena werden sollte, war noch nicht abzusehen. Seit der Erstaufführung der »Räuber« im Januar 1782 in Mannheim und seit dem Druck dieses Stücks wie der beiden weiteren Jugenddramen »Die Verschwörung des Fiesco zu Genua« und »Luise Millerin« war Schiller kein Unbekannter, gewiß auch nicht in Weimar. Aber Goethe lehnte die Stücke ab, verspottete in »Wilhelm Meisters theatralischer Sendung« gar die Bühnenräuber und hielt sie fälschlich für Abkömmlinge Crugantinos und seiner Gesellen im Singspiel »Claudine von Villa Bella«. Herder und Wieland nahmen den jungen Besucher freundlich auf, doch von Herder gewann Schiller den Eindruck, dieser habe nicht eine Zeile von ihm gelesen. Von Anna Amalia wußte er, daß sie seine Werke ablehnte. Gleichwohl wurden er und seine Freundin Charlotte von Kalb mehrfach zu ungezwungener Geselligkeit nach Schloß Tiefurt eingeladen. Gefallen hat ihm die Begründerin des Weimarer Musenhofes nicht: »Ihr Geist ist äußerst borniert, nichts interessiert sie, als was mit Sinnlichkeit zusammenhängt« – ein Urteil, das vom Schriftstellerstolz etwas getrübt sein dürfte. Umso mehr setzte er auf Protektion durch die Herzogin Luise, die durch Charlotte von Kalb mit seinen Werken vertraut gemacht worden war und sich positiv geäußert hatte. Charlotte von Kalb öffnete ihm die Tür zu weiteren Angehörigen des Hofes, so daß er unter anderen bald Knebel und Einsiedel, Luise von Göchhausen und Charlotte von Stein kennenlernte. Der dichten Folge der Briefe Schillers an den Freund Christian Gottfried Körner ist allerdings zu entnehmen, daß den jungen Gast vor allem eins interessierte und schließlich erstaunte: wie man in Weimar über Goethe sprach und wie stark dessen Neigung zur Naturbeobachtung und zu den Erfahrungswissenschaften die Geistesrichtung der weniger selbständigen Köpfe in der Residenz bereits geprägt hatte: »Goethes Geist hat alle Menschen, die sich zu seinem Zirkel zählen, gemodelt. Eine stolze philosophische Verachtung aller Spekulation und Untersuchung, mit einem bis zur Affektation getriebenen Attachement an die Natur und einer Resignation in seine fünf Sinne; kurz eine gewisse kindliche Einfalt der Vernunft bezeichnet ihn und seine ganze hiesige Sekte. Da sucht man lieber Kräuter oder treibt Mineralogie, als daß man sich in leeren Demonstrationen verfinge.« Unmittelbar vor Schillers Eintreffen in Weimar war bei Göschen – der ja auch Goethes Verleger war – die Erstfassung des »Don Carlos« erschienen. Darauf folgte eine lange Pause im dramatischen Schaffen des Dichters; er schrieb gelegentlich Gedichte, darunter 1788 »Die Götter Griechenlands«, ein Gedicht, mit dem er später große Bedeutung für die Jenaer Romantik erlangte, er schrieb an dem Roman »Der Geisterseher«, der in Folgen in seiner Zeitschrift »Thalia« abgedruckt wurde und den er schließlich abbrach; vor allem aber begann er eine fruchtbare und einträgliche Zusammenarbeit mit Wieland, indem er ihm historische Aufsätze für den »Teutschen Merkur« lieferte. Goethe war noch nicht aus Italien zurück, als hier erste Teile aus der »Geschichte des Abfalls der vereinigten Niederlande von der spanischen Regierung« zu erscheinen begannen. Mit den gründlichen historischen Studien in den Jahren 1787 bis 1789 qualifizierte sich Schiller für das Amt, das ihm als erstes in Sachsen-Weimar übertragen wurde: die Berufung auf eine Professur für Geschichte an der

Universität Jena. Wie groß und welcher Art Goethes Anteil an dieser Berufung immer gewesen sein mag: es war ihm gewiß willkommen, Schiller nicht unmittelbar in Weimar neben sich zu haben und ihn in einem Fach beschäftigt zu wissen, bei dem eine schriftstellerische Konkurrenzsituation nicht zu befürchten war. Schiller selbst hatte den Heimgekehrten mit Rezensionen der in Italien fertig gewordenen und soeben gedruckten Stücke begrüßt, des »Egmont« und der »Iphigenie«. Die erste erschien im September 1788 in der »Allgemeinen Literatur-Zeitung«, die zweite im Frühjahr 1789 in Göschens Hauszeitschrift »Kritische Übersicht der neusten schönen Literatur der Deutschen«. Mit dem Ton und dem Stil beider kritischer Abhandlungen konnte Goethe rundum zufrieden sein, mit dem Inhalt vor allem der »Egmont«-Rezension aber nur zum Teil, denn Schiller war keineswegs mit der Art und Weise einverstanden, wie Goethe den Untergang des Helden motiviert hatte. Goethe hatte guten Grund, den Neuankömmling auf Abstand zu halten, aber auch Gespür genug, ihn als einen bedeutenden Kopf dem Land Sachsen-Weimar zu erhalten.

Am 9. September 1788 lernten sich beide persönlich kennen, zu einem ersten substantiellen Gespräch kommt es zwei Jahre später, am 31. Oktober 1790 in Jena. Es ist die Epoche der intensiven Kant-Studien Schillers und der Erarbeitung seiner eigenen großen ästhetischen Schriften in Anlehnung an wie in Auseinandersetzung mit Kant, und Kant war denn auch der Gegenstand des Gesprächs. Schiller hat gegenüber dem Freund Körner offen formuliert, was ihn, nicht nur im Kant-Verständnis, von Goethe trennt, doch verhehlt er auch nicht seinen Respekt: »Überhaupt ist seine Vorstellungsart zu sinnlich und *betastet* mir zu viel. Aber sein Geist wirkt und forscht nach allen Direktionen, und strebt, sich ein Ganzes zu erbauen – und das macht mir ihn zum großen Mann.« Schließlich wagt Schiller einen entscheidenden Schritt: mit Fichte, Humboldt und Woltmann plant er die Herausgabe einer Zeitschrift »Die Horen«, auf den 13. Juli 1794 ist die vertraulich versandte Einladung zur Mitarbeit datiert, am selben Tag geht sie mit einem in den höflichsten Formen gehaltenen Begleitschreiben Schillers an Goethe nach Weimar. Wenige Tage später hat er Goethes Zusage in der Hand. Kurz darauf begegnen sich beide in der Jenaischen Naturforschenden Gesellschaft, und im Anschluß an die Sitzung kommt es zu einem langen Gespräch. Schiller hat sechs Wochen danach Körner einiges daraus mitgeteilt, einen ausführlichen Bericht aber gibt Goethe selbst dreiundzwanzig Jahre später, 1817, im ersten Heft »Zur Morphologie«, als Schluß der Abhandlung »Metamorphose der Pflanzen«, mit der eigenen Überschrift »Glückliches Ereignis«. In der Tat hat es sich als ein solches erwiesen, auch wenn nach Goethes Bericht die Unterredung keineswegs spannungsfrei verlief – für beide ging es um die Grundlagen ihrer dichterischen Arbeit und deren Wahrheitsgehalt. Goethe entwickelte dem Gesprächspartner seine in der Botanik gewonnene Modell-Konzeption und Metamorphosenlehre: für ihn war und blieb die Urpflanze Ergebnis rein empirischer Recherche. Schiller bemerkte den Anteil des erkennenden Subjekts an dieser Konzeption und nannte die Urpflanze eine »Idee«. Beiden muß dabei deutlich geworden sein, daß in Goethes Typus- und Modell-Vorstellung eine Verbindung von »Idee« und »Empirie«, von Subjektivem und Objektivem vorliegen müsse, über die es genauer nachzudenken lohnte. Das tat nun insbesondere wieder Schiller, und zwar nicht so, daß er sich in Abstraktionen ergangen hätte (er wußte: Goethe mochte das nicht), sondern indem er Goethe zum 28. August 1794 einen langen Geburtstagsbrief schrieb und dabei dessen Erkenntnisweg gleichsam genetisch rekonstruierte. An dessen Ende aber stünde »die schöne Übereinstimmung Ihres philosophischen Instinktes mit den reinsten Resultaten der spekulierenden Vernunft.« Damit war das Vorfeld bereinigt, Goethe dankte herzlich, er fühlte sich vom Gratulanten völlig verstanden. Eine erste Einladung nach Weimar folgte wenig später, vom 14. bis zum 27. September war Schiller Gast in Goethes Haus. Damit begann die wichtigste und produktivste Dichterfreundschaft, welche die deutsche Literaturgeschichte kennt. Sie dauerte bis zu Schillers Tod. So herzlich sie war, sie läßt sich weder mit den empfindsamen Freundesvereinigungen der vorausgehenden Jahrzehnte noch mit den nachfolgenden Romantikerfreundschaften vergleichen. Von beiden Erscheinungen trennt sie, daß sie auch ein auf Wirkung bedachtes literaturpolitisches Bündnis war. In ihr verband sich vertrauliches Werkstattgespräch auf höchstem Niveau, in dem jeder dem anderen zu folgen suchte, ohne ihn ummodeln zu wollen, mit einem demonstrativen gemeinsamen Auftreten nach außen.

Auch in ihrer politischen Haltung hatten sich beide Dichter einander angenähert. In diesen Jahren, als die Diskussionen über die Französische Revolution die Zirkel beherrschten, ein Revolutionstourismus aus Deutschland nach Paris einsetzte, Emigranten ins Land kamen, kühlte sich so manche alte Bekanntschaft merklich ab. In Schillers Augen nahm die Revolution einen enttäuschenden Verlauf, und nach der Hinrichtung Ludwig XVI. waren die Verantwortlichen für ihn »Schindersknechte«. Goethe, der viel weniger Sinn für politische Strategien hatte als Schiller, dachte in individuellen Menschenrechts-, auch Ordnungs- und Prozessordnungs-Kategorien und sah von vornherein in der gewaltsamen Umwälzung mit der Zerstörung der Rechtskultur die Kultur insgesamt gefährdet. Das war schon in einer Episode während der Belagerung von Mainz zutage getreten, als er energisch einen Akt von Lynchjustiz verhinderte.

In der Einladung zur Mitarbeit an den »Horen« steht ausdrücklich, man werde keine Beiträge aufnehmen, die sich »auf Staatsreligion und politische Verfassung« beziehen; die öffentliche Ankündigung der neuen Zeitschrift formuliert nicht weniger deutlich: »Mitten in diesem politischen Tumult soll (die Zeitschrift) für Musen und Charitinnen einen engen vertraulichen Zirkel schließen, aus welchem alles verbannt sein wird, was mit einem unreinen Parteigeist gestempelt ist.« Gleichwohl verspricht man sich, auf indirektem Weg, auch eine politische Wirkung: »Aber indem (die Zeitschrift) sich alle Beziehungen auf den jetzigen Weltlauf und auf die nächsten Erwartungen der Menschheit verbietet, wird sie über die vergangene Welt die Geschichte und über die kommende die Philosophie befragen, wird sie zu dem Ideale veredelter Menschheit, welches durch die Vernunft aufgegeben, in der Erfahrung aber so leicht aus den Augen gerückt wird, einzelne Züge sammeln und an dem stillen Bau beßrer Begriffe, reinerer Grundsätze und edlerer Sitten, von dem zuletzt alle wahre Verbesserung des gesellschaftlichen Zustandes abhängt, nach Vermö-

gen geschäftig sein.« Goethe liefert mit seinem ersten Beitrag zu den »Horen« zu diesem Programm gleich das dichterische Exempel; die Baronin, das Familienoberhaupt in den »Unterhaltungen deutscher Ausgewanderten«, hätte gut in den Herausgeberkreis der Zeitschrift gepaßt, denn sie gibt den Teilnehmern an den Unterhaltungen genau dieselben Anweisungen wie Schiller seinen Beiträgern. Nur tut sie es zur Aufrechterhaltung geselliger Kultur, nicht zur Veredelung der Menschheit. Im Unterschied zu Schiller denkt Goethes Baronin pragmatisch. Bis zum Ende der »Horen« im Jahr 1797 bleibt Goethe einer der fleißigsten Helfer des Herausgebers: 1795 in sechs Folgen die »Unterhaltungen deutscher Ausgewanderten«, ferner die »Römischen Elegien« und der Essay »Literarischer Sansculottismus«, 1796 der Aufsatz von Germaine de Stael »Versuch über die Dichtungen«, von Goethe übersetzt, 1796 und 1797 in dreizehn Folgen die Übersetzung von Benvenuto Cellinis Autobiographie, um nur die wichtigsten Beiträge zu nennen.
Mit den »Unterhaltungen deutscher Ausgewanderten«, einem Zyklus von Erzählungen, eingebettet in eine Rahmenhandlung, wird Goethe zum Begründer der modernen Novellistik in der deutschen Literatur. Den für ihn blind verlaufenden politischen Begebenheiten setzt er charakteristische und erhellende Privatgeschichten entgegen und steigert sie am Ende zu einem phantasievollen Erlösungsmärchen – er nennt die letzte Geschichte einfach »Das Märchen« –,an dem sich nur wenige Jahre später die Romantiker in Jena begeisterten und schulten. Leise ist am Schluß die Errichtung eines Friedensreiches angedeutet, dessen Zentrum Konturen des Petersplatzes in Rom aufweist.
Auch am »Musenalmanach«, den Schiller von 1796 bis 1800 herausgab, nahm Goethe regen beratenden und beitragenden Anteil. Vor allem der »Musenalmanach« für 1797, der berüchtigte Xenien-Almanach, machte in Deutschland Furore. Auf Goethes Anregung rechneten hier die beiden Freunde in einem Rundumschlag mit ihren Gegnern ab und verschwiegen auch nicht, was sie an ihnen nahestehenden Schriftstellern, Wieland etwa, zu bemängeln hatten. Ihre Polemik kleideten sie in satirische Distichen und unterstrichen damit einmal mehr die Tauglichkeit antiker Formen für eine Literatur der

Gegenwart. Auch der »Musenalmanach« für 1798 ist ein Gemeinschaftswerk. Die Freunde hatten sich vorgenommen, ihn der Gattung Ballade zu widmen und unter Beweis zu stellen, daß man sehr wohl auch eine moderne Form in antikem Geist behandeln könne. Goethe lieferte für den Almanach so berühmte Gedichte wie »Der Schatzgräber«, »Der Zauberlehrling«, »Die Braut von Korinth«, »Der Gott und die Bajadere« und »Die Legende vom Hufeisen«; sie sind alle erst 1797 geschrieben und unterscheiden sich von Goethes früher Balladendichtung durch ihre völlige Unabhängigkeit von der Volksliedtradition. Die aus den verschiedensten Quellen entnommenen Stoffe behandeln sie zumeist mit epischer Gelassenheit, in sorgfältiger Ausbalancierung sinnlicher Elemente mit einfachen moralischen Lebensregeln oder einer »zarten Sittlichkeit«, wie Schillers Freund Körner über »Der Gott und die Bajadere« treffend schreibt. Darüber hinaus überließ Goethe dem Herausgeber des »Musenalmanachs« viele weitere Gedichte: die Elegien »Alexis und Dora«, »Euphrosyne« und »Die Metamorphose der Pflanzen« bekam er; unter den von ihm gedruckten Goetheschen Liedern finden sich »Nähe des Geliebten«, »Meeresstille«, »Glückliche Fahrt«.

Inzwischen hatte Goethe mit seinem Freund Johann Heinrich Meyer den Plan einer neuen Zeitschrift entwickelt. Mit ihr wollte er insbesondere auf die bildenden Künste in Deutschland Einfluß nehmen, doch sollten auch Beiträge über literarische Probleme zugelassen sein. »Die Propyläen«, die von Oktober 1798 bis zum Dezember 1800 erschienen, blieben aber fast ausschließlich eine Kunstzeitschrift. Obwohl Goethe sehr um Schillers Mitarbeit warb, stammen von ihm nur zwei Texte im letzten Stück der Zeitschrift: ein Kommentar zu den in der zweiten Weimarer Kunstausstellung gezeigten Gemälden in Form eines Briefes an den Herausgeber und die Anzeige, mit der ein Preis für das beste Intrigenstück ausgesetzt und zur Einsendung von Manuskripten aufgefordert wird. Schiller blieb gleichwohl auch bei diesem Unternehmen ein wichtiger Gesprächspartner, ebenso wie er von 1799 an die Konzeption der jährlichen Preisaufgaben für bildende Künstler und die Ausstellung der Wettbewerbsergebnisse bis 1805 mitbestimmt hat. Gemeinsam mit Goethe und Meyer, später auch mit Carl Ludwig Fernow, bildete er das Team, das ab 1801 seine Programme und Urteile als »Weimarer Kunstfreunde« unterzeichnete. Der umfangreiche Briefwechsel, den Goethe im Alter noch selbst publizierte, ist zugleich ein intensives Werkstattgespräch zwischen beiden Dichtern. Während Goethe die Entstehung aller Dramen vom »Wallenstein« an und vieler Gedichte mit seinen Kommentaren begleitet, findet er selbst in Schiller den anregendsten Leser und Interpreten von »Wilhelm Meisters Lehrjahren« und anderer Werke. Beide sandten sich nicht nur fertige Dichtungen, sondern bereits Teilstücke zu, berichteten von Problemen, die sich gerade stellten, und halfen sich mit Quellenliteratur aus. Auch literaturtheoretische Fragen kamen zur Sprache, und der kleine Aufsatz »Über epische und dramatische Dichtung«, den Goethe unter beider Namen 1827 publizierte, ist das Ergebnis des brieflichen Austausches von 1797. Überhaupt spielen gattungstheoretische Überlegungen mit dem Ziel, zu sauberen Gattungsabgrenzungen zu gelangen, eine besondere Rolle, gegen seit der Mitte des 18. Jahrhunderts und noch mehr in der romantischen Literatur um 1800 sich ausbreitende Tendenzen, die Grenzen zu verwischen – Tendenzen, an denen der junge Goethe selbst einen nicht geringen Anteil gehabt hatte. Die Wendung zu einer strikten Gattungstrennung gehört zu den wesentlichen Merkmalen der Weimarer Klassik.

Allerdings ist die poetische Praxis darin zum Glück weniger rigide als die Theorie. Denn Goethe beginnt Mitte 1797 wieder am »Faust« zu arbeiten, und niemand anderer als Schiller hat ihn darin bestärkt. Goethe hielt ihn über das Fortschreiten der Arbeit auf dem Laufenden; von der Konzeption der Begegnung zwischen Faust und Helena hat er noch Kenntnis erhalten. Den Abschluß und das Erscheinen des 1. Teils durfte er nicht mehr erleben. Gerade der Künstlersouveränität beider Dichter ist es zu verdanken, daß die Weimarer Klassik nicht zur Gefangenen ihrer eigenen Programmatik geworden ist. Die Hauptwerke: »Wilhelm Meister«, »Wallenstein«, »Faust« sprengen alle Programme und bleiben gegenüber noch so luziden und durchdachten poetologischen Überlegungen inkommensurabel. Beide können darüber lachen, daß Goethe gerade in einer Zeit, in der er, mächtig angelockt durch Berichte Johann Heinrich Meyers aus Rom, mit einer erneuten Italienreise liebäugelt, »diesen Dunst- und Nebelweg« beschreitet und den »Faust« wieder vornimmt. Schiller hatte zwar seit 1794 ständig zur Weiterarbeit an dem Werk ermuntert. Jetzt aber staunt er: »Ihr Entschluß, an den »Faust« zu gehen, ist mir in der Tat überraschend, besonders jetzt, da Sie sich zu einer Reise nach Italien gürten. Aber ich habe es einmal für immer aufgegeben, Sie mit der gewöhnlichen Logik zu messen, und bin also im voraus überzeugt, daß Ihr Genius sich vollkommen gut aus der Sache ziehen wird.« Schiller liest erneut »Faust. Ein Fragment« und kommt zu dem Schluß, der Held müsse »in das handelnde Leben« geführt werden – und eben das wird dann im 2. Teil des »Faust« geschehen. Wie schon für den »Wilhelm Meister« konnte Goethe für den »Faust« kein tiefer blickender Gesprächspartner geschenkt werden. Wieder erwies sich Schiller als der, der des Freundes poetische Träume deutete, und Goethe blieb ihm dafür bis an sein Lebensende dankbar.

1797 hatte sich Goethe in der Tat eine erneute Reise nach Italien vorgenommen, der Feldzug Bonapartes machte ihm einen Strich durch die Rechnung. Der Plan wurde zugunsten einer Reise in die Schweiz aufgegeben, und die erste Station war Frankfurt am Main. Bis dahin begleiten ihn Christiane und der siebenjährige Sohn August. Nach neun Jahren lernt Catharina Elisabeth Goethe endlich die Geliebte ihres Sohnes persönlich kennen, und sie freut sich über seine Wahl. Vom 3. bis zum 25. August hält sich der Dichter damals in seiner Heimatstadt auf. Zwischen dem Abschied 1775 und den Rhein-Main-Reisen 1814 und 1815 ist dies der für das künftige Werk folgenreichste Besuch in der alten Kaiserstadt, kurz vor dem endgültigen Ende des Heiligen Römischen Reichs Deutscher Nation. Als hätte er eine Ahnung gehabt, daß er Frankfurt so nie wieder antreffen würde, entfaltet Goethe in der kurzen Zeit eine unglaubliche Geschäftigkeit. Er sammelt an Informationen, was er nur bekommen kann, und legt regelrechtes Aktenmaterial an, er spricht mit politisch Verantwortlichen und mit Simon Moritz von Bethmann, dem führenden Bankier der Stadt, mehrfach besucht er die private Kunstsammlung des Kaufmanns Johann Friedrich Städel und fährt hinaus nach Offenbach zu

Sophie La Roche – eine enttäuschende Wiederbegegnung: »sie hat mich mit ihren sentimentalen Sandsäckchen so abgebläut, daß ich mit dem größten Mißbehagen wieder fortfuhr und beinah die herrliche Gegend darüber nicht angesehen hätte. Es ist erschrecklich, was eine bloße Manier durch Zeit und Jahre immer leerer und unerträglicher wird.« In der Nothnagelschen Tapetenfabrik läßt er sich die neuesten Tapetenmuster aus Lyon zeigen, an sieben Abenden ist er im Theater oder in der Oper zu finden. Mit wachem Auge durchstreift er seine Vaterstadt und besichtigt die neuen Kirchen, die deutsch-reformierte und die französisch-reformierte; die alte Barfüßerkirche findet er nicht wieder, sie wurde 1786 abgerissen, und der Bau der Paulskirche steckte 1797 noch in den Anfängen.

Im Jahr zuvor, 1796, hatte General Jean Baptiste Kléber in der Stadt bei einem Artillerieangriff schwere Verwüstungen angerichtet und gegen Verzicht auf eine Besetzung eine gewaltige Kontribution von 6 Millionen Franken erzwungen; auch das alte Textorsche Anwesen, schon seit Jahren in fremder Hand, war in Trümmer geschossen worden. In einem Brief an den Freund in Jena berichtet Goethe von seiner Besichtigung, reflektiert über Geschichte und materiellen Wert des Grundstücks und entwickelt erstmals einen Begriff, der von nun an für seine Poetik zunehmend an Bedeutung gewinnen sollte: den des Symbols. Symbolische Gegenstände »sind eminente Fälle, die, in einer charakteristischen Mannigfaltigkeit, als Repräsentanten von vielen andern dastehen, eine gewisse Totalität in sich schließen, eine gewisse Reihe fordern, Ähnliches und Fremdes in meinem Geiste aufregen und so von außen wie von innen an eine gewisse Einheit und Allheit Anspruch machen. Sie sind also (...) glückliche Gegenstände für den Menschen, und weil man (...) ihnen keine *poetische* Form geben kann, so muß man ihnen doch eine *ideale* geben, eine *menschliche* im höhern Sinn, das man auch mit einem so sehr mißbrauchten Ausdruck »sentimental« nannte, und Sie werden also wohl nicht lachen, sondern nur lächeln, wenn ich Ihnen zu meiner eigenen Verwunderung darlege, daß ich, wenn ich irgend von meinen Reisen etwas für Freunde oder fürs Publikum aufzeichnen soll, wahrscheinlich noch in Gefahr komme, *empfindsame Reisen* zu schreiben.« Nun, Goethe war weit davon entfernt, ein Epigone Laurence Sternes zu werden. Aber damals begann er, sich die Voraussetzungen dafür zu schaffen, die ihm später für eine ganz andere Reise nützlich werden sollten: für eine Reise in die eigene Vergangenheit, für die Abfassung der Autobiographie »Dichtung und Wahrheit«. Schillers wie immer ungemein kluge Antwort erkennt sogleich die Tragweite der Goetheschen Überlegungen und löst den engen Zusammenhang von autobiographischem und symbolischem Gegenstand wieder auf; indem er jeden Gegenstand für symbolfähig erklärt, gibt er Goethe anstelle eines spezifischen einen allgemeinen poetologischen Begriff zurück, und so allgemein wird ihn Goethe 1807 dann etwa für seine »Maximen und Reflexionen« formulieren. Es sollte aber nicht vergessen werden, daß die Genese dieses Begriffs mit Goethes Sensibilität für die Dynamik der Revolutionsepoche eng verbunden ist. Sein Ursprung liegt an eben dem Punkt, wo sich die Auswirkungen der Revolution mit seiner persönlichen Herkunft kreuzen, seine Notwendigkeit da, wo es gilt, der geschichtlichen Bewegung die Antwort des Dichters entgegen zu setzen. An einem der letzten Tage seines Frankfurt-Aufenthalts, dem 22. August, hatte Goethe auf besonderen Wunsch Schillers ein Gespräch mit dem Hofmeister bei der Bankiersfamilie Gontard, mit Friedrich Hölderlin. Es brachte keinem von beiden etwas. Für Hölderlin war es eine Enttäuschung, für Goethe blieb es eine Marginalie.

Nachdem Goethe die Kunstsammlungen in Stuttgart besichtigt und in Tübingen mit seinem künftigen Verleger Cotta konferiert hatte, ging die Reise weiter nach Zürich und von dort mit Meyer in dessen Heimatort Stäfa. Aus den Gesprächen mit dem eben aus Rom Zurückgekehrten entwickelte sich der Plan zu den »Propyläen«; auf der großen Wanderung über Schwyz und Altdorf hinauf zum S. Gotthard beschäftigte den Weimarer die Tell-Sage, ein Stoff, auf dessen epische Behandlung Goethe schließlich verzichtete, er überließ ihn dem Freund, der denn auch etwas daraus zu machen wußte. Am 20. November trifft Goethe wieder in Weimar ein, nachdem er den Rückweg nicht über Frankfurt, sondern über Nürnberg genommen hatte.

Schiller, schon seit 1791 an dem Lungenleiden erkrankt, dem er schließlich erliegen sollte, hatte, obwohl er seine Lehrtätigkeit nicht mehr ausüben konnte, dennoch seinen Wohnsitz in Jena behalten. Diesem Umstand verdanken wir den umfangreichen Briefwechsel mit dem Freund in Weimar. Goethe verbrachte in den neunziger Jahren allerdings alljährlich ebenfalls viele Tage in Jena – auch dies ein Teil der neuen Lebensform seit der Rückkehr aus Italien. Hier fand er sowohl das Arbeitsmaterial als auch die Ruhe, die er vor allem für seine physikalischen und botanischen Arbeiten brauchte. Oft war er zu Gast bei der Familie Schiller, allein oder gemeinsam mit Humboldt und anderen Jenaer Freunden. Weit seltener kam Schiller nach Weimar hinüber, nicht zuletzt deswegen, weil ihn seine Krankheit zu einem strengen Umgang mit der ihm verbleibenden Zeit zwang. Im August 1799 aber beschließt Schiller, den Winter 1799/1800 in Weimar zu verbringen, weil er sich von der Nähe einer Bühne Anregung für seine Arbeit erhofft – »das Bedürfnis theatralischer Anschauung« meldet sich. Goethe greift das sofort auf und überzeugt ihn, nun endgültig in Weimar Wohnung zu nehmen. Im Dezember zieht die Familie Schiller von der Saale an die Ilm. Goethe zieht den Dichter in die praktische Theaterarbeit hinein und dies desto mehr, je gleichmäßiger er selbst an seinen regelmäßigen Jena-Aufenthalten festhält. Bis in den Januar 1805 zieht sich die gemeinsame Tätigkeit für das Theater, dann hindern eine Reihe schwerer Krankheitsanfälle Schiller an weiterer Mitwirkung. An der Inszenierung des »Wilhelm Tell« durch Goethe hat er noch unmittelbar mitgewirkt, am 17. März 1804 erlebte das Stück in Weimar seine Uraufführung. Die Tragödie »Demetrius« hinterließ er als Fragment. Am 9. Mai 1805 verstarb Goethes Freund, und für den Dichter begann abermals, wie in den Jahren nach der Rückkehr aus Italien, eine Zeit ohne intensiven Austausch mit einem Gleichrangigen und Gleichgesinnten.

Siebentes Kapitel

Einsamkeit und neue Orientierung

In der deutschen Literaturgeschichte hat es das kein zweites Mal gegeben, daß zwei Gleichrangige ein so enges, so langes und bis zu Schillers Tod nie ernsthaft gefährdetes Verhältnis miteinander eingegangen wären. Wer im geistigen Kräftefeld der Jahre zwischen 1794 und 1805 etwas galt oder gelten wollte, der kam nicht umhin, seine eigene Position im Hinblick auf diese beiden Großen zu bestimmen. In Weimar wirkten immer noch Herder und Wieland, die älteren bedeutenden Schriftsteller. Der eine bemerkte sehr deutlich, daß er nicht mehr Goethes bevorzugter Gesprächspartner war, und reagierte nicht ohne einen Anflug von Eifersucht. Der andere nahm es gelassener und wahrte von seinem abgelegenen Wohnsitz, dem Landgut Oßmannstedt, einen freundlich-höflichen Kontakt zu Goethe. Beide ließen sich durch Goethes und Schillers Dominanz in ihrer Produktivität nicht hemmen, und sie fanden ihre Leser, mitunter sogar Verehrer, auch in der jüngeren Generation. Jean Paul suchte die Nähe zu Herder, Heinrich von Kleist die zu Wieland. Auch die Spätaufklärer, deren Vertreter es nicht hinnehmen wollten, daß sich die Literatur aus ihrer didaktischen Funktion verabschiedete, bildeten noch eine Macht, weniger im Feld der Poesie als in dem der Kritik und Publizistik. Zwischen ihnen und den Weimarer Freunden sind die Fronten klar, ihnen gelten die schärfsten Angriffe in den »Xenien«.

Und schließlich gab es die geistige Hochburg Jena, zu deren Erstarken in den neunziger Jahren Goethe selbst mit seinem Einfluß auf die Berufungen beitrug. Alle großen Philosophen der Generation nach Kant lehrten hier: Fichte von 1794 bis 1799, Schelling von 1798 bis 1803 und Hegel, erst als Privatdozent, dann als Professor, von 1800 bis 1807. Hatte erst Schiller zahlreiche Studenten nach Jena gezogen, so tat es nun vor allem Johann Gottlieb Fichte: in seinem Hörsaal sammelte sich der Kreis derer, die als »Jenaer Romantik« der jungen deutschen Literatur die entscheidenden Impulse gaben. Es kamen August Wilhelm und Friedrich Schlegel, es kamen Novalis und Friedrich Tieck, es kam der junge Clemens Brentano, es kam Friedrich Hölderlin. Und mit ihnen tauchte auch eine junge selbstbewußte Frauengeneration in Jena auf: Moses Mendelssohns Tochter Dorothea, später die Frau Friedrich Schlegels, die Göttinger Professorentochter Caroline Michaelis, erst mit August Wilhelm Schlegel, dann mit Schelling verheiratet, die schriftstellernde Professorengattin Sophie Mereau, die sich scheiden ließ und Brentano heiratete. Daß dieser Kreis junger Dichter und Schriftsteller, für die Goethe und Schiller von früher Jugend an hochverehrte Meister waren, sich an den beiden Klassikern profilieren wollte, Anerkennung und Bestätigung suchte, zeigt sich nicht zuletzt daran, daß sie anfangs in deren Periodika gedruckt werden wollten. Erst später suchten sie sich in eigenen Veröffentlichungen abzugrenzen. In ihrer Haltung zu Goethe und zu Schiller gab es allerdings deutliche Unterschiede. Einige von ihnen verdankten wichtige Einsichten dem *Literaturtheoretiker* Schiller, lehnten aber Schillers poetische Werke ab, nur Hölderlin blieb auch stets ein Verehrer des *Dichters* Schiller. Der Kreis um die Brüder Schlegel und Novalis blickte, sei es begeistert oder kritisch, in jedem Fall aber fasziniert, auf den Dichter Goethe. Ihn vor allem umwarben sie, was er sich auch in gewissem Grade gefallen ließ. Aber er ließ nicht zu, daß sie zwischen ihn und seinen Freund einen Keil trieben. Keinen aus dem Kreis der Genannten hat er näher an sich herangezogen, und es zeigte sich auch bald, noch zu Schillers Lebzeiten, daß zumal die führenden intellektuellen Köpfe, die Brüder Schlegel, sich mit der geschichtsphilosophisch begründeten Verknüpfung von Kunst und Christentum rasch wieder von Goethe entfernten. Novalis war schon 1801 gestorben. In seiner kurzen Laufbahn hatte auch er sich vom Goethe-Verehrer zum Goethe-Kritiker entwickelt. Der junge Ludwig Tieck fand bei Goethe kein Gehör, im Gegenteil: Goethe plante, dessen Roman »Franz Sternbalds Wanderungen. Eine altdeutsche Geschichte« in den »Propyläen« kritisch zu rezensieren. Er fand das Buch gewandt geschrieben, aber ohne Substanz. Gerade Tieck lieferte ihm die ersten Stichworte gegen eine Romantik, die ihm als »Klosterbrudrisieren« und »Sternbaldisieren« rückwärtsgewandt und kindisch schien.

Umso fester wurde die Verbundenheit mit Schiller, und sein Tod traf Goethe, der im Frühjahr 1805 selbst so schwer erkrankt war, daß man eher mit seinem als mit Schillers Ableben rechnete, als ein schwerer Schlag. Er hatte das Empfinden, eine Epoche ginge zu Ende, und dieses Empfinden wurde zunächst nur bestätigt. Am 18. Dezember 1803 war der ältere Weggefährte Herder verstorben, im April 1807 starb die Herzoginmutter Anna Amalia, eineinhalb Jahre später Catharina Elisabeth Goethe in Frankfurt am Main. Mit ihnen gingen drei Zeugen seiner dichterischen Anfänge dahin. Um ihn verblieben tüchtige Leute von mittlerer Statur wie der alte Freund Knebel, der dogmatische Klassizist Meyer, der dienstwillige Altphilologe Friedrich Wilhelm Riemer, der 1803 mit neunundzwanzig Jahren Hauslehrer des Sohnes August wurde. Goethes Weimarer und Jenaer Umfeld verflachte, ob man nun den Kreis der Freunde oder den der Gegner in den Blick nimmt. Schon 1803 hatte sich die Situation in Jena kritisch zugespitzt. Schelling, glanzvoller Mittel- und Anziehungspunkt der Universität, nahm einen Ruf nach Würzburg an, der Jurist Hufeland und der Theologe Paulus gingen gleichzeitig denselben Weg, und ihnen folgten viele Studenten. Im selben Jahr zog der Poetik-Professor Christian Georg Schütz mitsamt der von ihm redigierten »Allgemeinen Literaturzeitung« nach Halle; eine wichtige, von Goethe stark beeinflußte publizistische Stimme drohte, verloren zu gehen. Goethe reagierte rasch und erfolgreich, unter hohem persönlichem Einsatz. Er gewann den Herzog für die Finanzierung und den Altphilologen Heinrich Karl Abraham Eichstädt für die Redaktion einer neuen, der »Jenaischen Allgemeinen Literaturzeitung«, die sich bis weit über Goethes Tod hinaus neben der Halleschen Konkurrenz behauptete. Die Redaktionskorrespondenz zwischen Eichstädt und Goethe zeigt den Dichter als Kämpfer, der sich eine bedeutende Plattform des Wirkens erhält.

Trotz allem: Jenas glanzvolles Jahrzehnt ging unaufhaltsam seinem Ende zu, und nach Schillers Tod auch der Versuch, von Weimar aus kunstpädagogisch zu wirken. Die Kunstausstellung von 1805 wurde die letzte. Von Goethe damals notierte, aber nicht veröffentlichte Sätze spiegeln seine Stimmung: »Wenn die bisherigen Ausstellungen, sowohl den Künstlern als uns, gar manche Vorteile brachten, so schieden wir nur ungern davon und zwar auch aus dem Grunde: weil eine durch Frömmelei ihr unverantwortliches Rückstreben beschönigende Kunst desto leichter überhand nahm, als süßliche Reden und schmeichelhafte Phrasen sich viel besser anhören und wiederholen, als ernste Forderungen auf die höchstmögliche Kunsttätigkeit menschlicher Natur gerichtet. – Das Entgegengesetzte von unseren Wünschen und Bestrebungen tut sich hervor, bedeutende Männer wirken auf eine der Menge behagliche Weise; ihre Lehre und Beispiel schmeichelt den meisten; die Weimarer Kunstfreunde, da sie Schiller verlassen hat, sehen einer großen Einsamkeit entgegen.« Wie zum Trotz pflanzt Goethe noch einmal das klassizistische Panier auf: zur Herbstmesse 1805 gibt er »Winckelmann und sein Jahrhundert. In Briefen und Aufsätzen« heraus, und auch später folgen noch direkt oder indirekt gegen die Romantik in der bildenden Kunst gerichtete Schriften: 1811 »Philipp Hackert. Biographische Skizze, meist nach dessen eigenen Aufsätzen entworfen«, 1816 »Neudeutsche religios-patriotische Kunst«, eine von Meyer verfaßte und von Goethe mit voller Billigung veröffentlichte Polemik, und nicht zuletzt sind auch die 1816 und 1817 erschienenen Teile der »Italienischen Reise« in diese Auseinandersetzung einzubeziehen.

Der depressiven Stimmung von 1805 folgte 1806 die physische Bedrohung. Herzog Carl August hatte als preußischer General selbst den Plan mitentworfen, die Franzosen bei Jena zu stellen, da er als Landeskundiger die Vorzüge des Geländes strategisch nutzen zu können glaubte. Das machte ihn bei Napoleon nicht eben beliebt, und als die Schlacht am 14. Oktober 1806 mit einem glänzenden Sieg des französischen Kaisers über Preußen geendet hatte, wurde Weimar besetzt und zur Plünderung freigegeben. Wie es Leuten ohne besonderen Schutz erging, kann man den Briefen von Christianes Bruder Christian August Vulpius entnehmen: um Vergewaltigungen zu entgehen, übernachteten Frauen und Mädchen trotz der herbstlichen Kühle im

Park im Freien, und wenn sie in ihre Wohnungen zurückkehrten, fanden sie sie ausgeräumt und verwüstet. Zwei Frauen ist es zu verdanken, wenn es nicht überall zum Schlimmsten kam. Jetzt zeigte der oft als starr empfundene Aristokratismus der Herzogin Luise seine positiven Seiten – als einzige Angehörige des Herrscherhauses hatte sie es abgelehnt, die Residenz zu verlassen, vielmehr beschlossen, bei ihren Untertanen auszuharren. Napoleon zeigte Respekt vor dieser Haltung und honorierte ihren Mut: der Bezirk des Schlosses blieb eine Zuflucht für die drangsalierten Bürger. Auch Goethe war in Weimar geblieben. In den ersten und gefährlichsten Stunden der Besetzung bewährten sich Mut und Klugheit Christianes, dann wurde das Haus des auch in Frankreich berühmten Dichters unter besonderen Schutz gestellt. Mit den dort einquartierten höheren Offizieren wußten Christiane und der Hausherr umzugehen: er sprach gut französisch, sie konnte gut kochen, und Goethes Weinkeller war vorzüglich ausgestattet. Goethe lernte einige der Napoleonischen Generale persönlich kennen, und nach wenigen Tagen schon schickte General Dominique-Vivant de Denon, Napoleons Sachverständiger in Kunstdingen, den Maler Benjamin Zix an den Frauenplan, um den berühmten Weimarer für seine Privatsammlung zeichnen zu lassen.

Goethe wurde in diesen Tagen handgreiflich klar, daß es mit der persönlichen Sicherheit der Zivilbevölkerung in den kleinen, patriarchalisch regierten Fürstentümern des alten Reiches vorbei war. Er fürchtete um seine Papiere und ließ in den folgenden Jahren drucken, was nur irgend als ausgereift angesehen werden konnte. Ebenso aber galt es, Sicherheit für die eigene Familie zu schaffen, nicht zuletzt wirtschaftliche Sicherheit, wenn er selbst die Kriege nicht überleben sollte. Bereits am 19. Oktober 1806, nur fünf Tage nach der Besetzung Weimars, heiratet er Christiane, legitimiert damit die Geliebte und den Sohn und stellt sie hinsichtlich seines Erbes sicher.

Die Kriegsfurie zog vorüber, und nach dem Frieden von Tilsit erhielt auch Weimar wieder eine Atempause. Aber die große Politik, der der Dichter in den achtziger Jahren noch hatte ausweichen können, blieb im Jahrzehnt nach 1806 stets eine Determinante in Goethes Biographie. Und was der Dichter in den Feldzügen der neunziger Jahre und bei seinem Frankfurt-Besuch 1797 wohl geahnt hatte, war ihm nun gewiß: seine Herkunftswelt, das Heilige Römische Reich Deutscher Nation mit seinen großen und seinen winzigen Reichsständen, mit seinen bunt gemischten weltlichen und geistlichen Territorien, seinen regionalen Traditionen und machtlosen Institutionen, war endgültig Geschichte geworden.

Erstaunlicherweise interpretierte der Dichter diesen gewaltigen Zeitenwechsel nicht als eine Folge der Französischen Revolution. Sie vermochte er nicht anders als im Bild eines kataraktartigen Stromes, einer blinden Naturkatastrophe zu fassen, die das morsche Gebäude des Ancien Régime fortriß; trotz des berühmten Wortes über die Kanonade von Valmy am 20. September 1792, das ja erst 1822 in der »Campagne in Frankreich« schriftlich überliefert ist: »Von hier und heute geht eine neue Epoche der Weltgeschichte aus, und ihr könnt sagen, ihr seid dabei gewesen« – trotz dieses Wortes also, das in der Urfassung im Brief an Knebel vom 27. September 1792 noch keineswegs von einer »neuen Epoche der Weltgeschichte« spricht, sondern nur von »dieser wichtigen Epoche«, hat Goethe die Französische Revolution als ein zwar für Europa gefährliches, aber noch nicht als ein europäisches, sondern als ein innerfranzösisches Ereignis angesehen. Napoleon hingegen war ihm die Inkarnation gestaltschaffender Natur, ein Kaiser, der eine neue europäische Ordnung schuf, eine alles überragende Figur, die die Französische Revolution nicht vollendete, sondern beendete. Napoleon, der sich selbst zum Cäsar stilisierte, wurde vom Dichter ins Antik-Heroische gesteigert, an ihm glaubte er jenes mit keiner Verstehenskategorie faßliche Element wahrzunehmen, das er in seinen späteren Jahren das »Dämonische« nannte.

Zum Empfinden geschichtlicher Größe kam das Empfinden persönlicher Verbundenheit mit dem Kaiser. Am 2. und 6. Oktober 1808 empfing ihn Napoleon zu Gesprächen, und Goethe fand nicht nur einen gebildeten Kenner des klassischen französischen Theaters, sondern sogar seines eigenen Romans »Die Leiden des jungen Werther«. Auf die Einladung, nach Paris zu kommen und dort eine Caesar-Tragödie zu schreiben, folgen am 14. Oktober die Verleihung des Kreuzes der Ehrenlegion und tags darauf der Besuch von François Joseph Talma, dem überragenden Heldendarsteller der Pariser Bühne zur Zeit Napoleons. Der Kaiser hatte ihn nach Erfurt zum Fürstentag mitgebracht, um auf dem Höhepunkt seiner Macht nicht nur mit dem Glanz seiner Siege, sondern auch mit dem der Kultur zu beeindrucken. Goethe, den seit dem Beginn der Freundschaft mit Herzog Carl August das Verhältnis von Macht und Geist beschäftigte, sah die alten Konfigurationen »Augustus und Vergil« und »Alfons von Ferrara und Tasso« sich auf höchster Ebene erneut verwirklichen: Napoleon und Goethe. Nach Paris ging er zwar nicht; aber selbst in den stürmischsten antinapoleonischen Zeiten blieb er unentwegt ein Verehrer des Korsen; noch den Siegern in der Völkerschlacht bei Leipzig trat er im Oktober 1813 mit dem napoleonischen Orden am Revers entgegen: »Pfui Teufel, wie kann man so etwas tragen«, rief der österreichische General Colloredo aus, der bei Goethe einquartiert war. Wilhelm von Humboldt und andere, die Goethe in diesen Tagen begegneten, hatten dafür ebenso wenig Verständnis, nur drückten sie dies diskreter aus. Goethe scheint gar nicht bemerkt zu haben, daß es auch gute Gründe geben konnte, Napoleon zu hassen. Für viele glich er einem Condottiere, dessen brutales militärisches Vorgehen, dessen die Länder ausplündernde Kontributionspolitik und dessen Friedensdiktate gleichsam die Terreur der Revolution nach außen zu kehren schienen. Goethe hielt es für absurd, eine Naturkraft zu hassen. Nach dem Frieden von Wien 1809 und der Heirat Napoleons mit Marie-Luise von Österreich im folgenden Jahr hat er gehofft, nun bräche unter Napoleons Herrschaft ein augusteisches Friedensreich an.

Während Weimar eine geistige Größe, aber ein politischer Zwerg blieb, wurden in diesen Jahren die böhmischen Bäder Karlsbad, Teplitz und Marienbad zu Sommerhauptstädten der großen europäischen Politik. Sie waren beliebte Ferienorte des österreichischen, russischen und gelegentlich auch preußischen Hochadels, und in den Nebenzimmern der Salons fiel so manche politische Entscheidung. Goethe hat die Bäder im ganzen sechzehnmal aufgesucht, erstmals schon 1785. Von 1806 bis 1813 verbrachte er, mit der Ausnahme des Kriegsjahrs 1809, jeden Sommer mehrere Monate dort. Er war auch als Kurgast in Karlsbad, als dort im August 1819 die berüchtigten

»Karlsbader Beschlüsse« gefaßt wurden, die auf Metternichs Veranlassung eine rigide Pressezensur, das Verbot der Burschenschaften und die Entlassung als revolutionär geltender Universitätslehrer wie Ernst Moritz Arndt zum Inhalt hatten. Sie richteten sich nicht zuletzt gegen Carl August von Sachsen-Weimar, den Metternich als »Altburschen« verspottete, und gegen die sehr burschenschaftsfreundliche Universität Jena. In Goethes Dichtung findet sich kein erkennbares Echo auf diese Zwangsmaßnahmen.

1810 hielt sich die Gemahlin Franz I. von Österreich, die Kaiserin Maria Ludovica, in Karlsbad auf, und Goethe wurde von den Bürgern gebeten, sie mit Versen zu begrüßen. Damals knüpfte Goethe engere Beziehungen zur Umgebung der Kaiserin und überhaupt zu Wiener Hofkreisen. Maria Ludovica verstarb schon 1816; im »West-östlichen Divan« hat Goethe in mehreren Gedichten diskret auf eine besondere Nähe zu der von ihm verehrten Fürstin angespielt.

Hochpolitisch sind die Karlsbader Gedichte von 1812. In dem Badeort trafen Kaiser Franz I. und Maria Ludovica die Kaiserin Marie-Luise, ihre Tochter und seit 1810 Napoleons Gemahlin, sowie den kleinen Enkel, Napoleons Sohn, der schon als Baby den Titel eines »Königs von Rom« führte. Der Auftrag, der wiederum seitens der Bürgerschaft von Karlsbad an Goethe erging, erforderte viel diplomatisches Geschick, denn es war Goethe natürlich klar, daß Marie-Luise nicht die Gewinnerin, sondern das Opfer des Friedens von Wien war. Weiß man um den Hintergrund, dann liest man die aus diesem Anlaß gedichteten Stanzenstrophen mit besonderer Hellhörigkeit, vor allem jene sieben, die sich an die Kaiserin Marie-Luise richten. Drei von ihnen gelten dem abwesenden Gemahl, nämlich Napoleon, und ihm wird hier eine Leistung angedichtet, die Goethe später auf Faust übertragen hat:

> Worüber trüb Jahrhunderte gesonnen
> Er übersieht's in hellstem Geisteslicht,
> Das Kleinliche ist alles weggeronnen,
> Nur Meer und Erde haben hier Gewicht;
> Ist jenem erst das Ufer abgewonnen,

Daß sich daran die stolze Woge bricht,
So tritt durch weisen Schluß, durch Machtgefechte
Das feste Land in alle seine Rechte.

Napoleon, heißt das, hat für sich und seine Dynastie durch die Beendigung der Revolution – »die stolze Woge« – und die eheliche Verbindung mit Habsburg festen Boden gewonnen, gemeinsam werden beide Herrscherhäuser den Frieden garantieren:

Zusammen werden sie des Glücks genießen,
Mit milder Hand den Janustempel schließen.

Genau wie Augustus, der im Jahre 29 v. Chr. mit der Schließung des Janustempels in einem feierlichen Akt das Zeitalter der römischen Bürgerkriege für beendet erklärt hatte. Marie-Luise wird mit dem »Himmelsbogen« verglichen, dem universalen Symbol des Friedens und der Versöhnung der Welt.

Wenige Monate später schon war der dichterische Traum zerronnen. Noch im selben Jahr begann Napoleon den russischen Feldzug, und 1813/1814 beendeten die Befreiungskriege seine Herrschaft über Europa. Das bewog aber Goethe keineswegs, von Napoleon abzurücken: er blieb für ihn zeitlebens die Erscheinung des schlechthin Außerordentlichen in der geschichtlichen Welt. Über das, was zwischen ihm und Napoleon im Herbst 1808 im einzelnen besprochen wurde, hat er nicht mehr als Andeutungen preisgegeben. Bis heute ist es ein Geheimnis geblieben.

Schon bald nach Schillers Tod und in dem Gefühl, selbst kein langes Leben mehr vor sich zu haben, hatte Goethe eine seit längerem geplante Werkausgabe in der »Jenaischen Allgemeinen Literaturzeitung« angekündigt. Von nun an wurde Cotta der Verleger aller Goetheschen Werkausgaben, und die erste erschien zwischen 1806 und 1810 in dreizehn Bänden. Sie enthält den vollendeten ersten Teil des »Faust«, der im April 1806 fertig geworden war. Cotta selbst nahm im Mai die Druckvorlage aus Weimar mit, und als ein halbes Jahr später Weimar besetzt und geplündert wurde, befand sich das Manuskript

längst in Süddeutschland in Sicherheit. 1808 erschien Goethes Meisterwerk als achter Band der neuen Edition. Der »Faust« gehört zu Goethes ältesten dichterischen Plänen, schon der Zweiundzwanzigjährige war mit dem Stoff umgegangen. Schillers Drängen ist es zu verdanken, daß nach dem »Urfaust« und »Faust. Ein Fragment« das Stück vollendet wurde; so blieb Goethe noch über dessen Tod hinaus im Gespräch mit dem Freund, der die Entstehung des Dramas so nahe begleitet hatte. Dieser erste Teil der Tragödie dürfte auch den Namen Gretchen-Tragödie führen, denn Gretchen ist das erste Opfer des Paktes zwischen dem unersättlich nach Wirklichkeitsumarmung dürstenden Gelehrten und Mephisto. Sie wird nicht das letzte bleiben; noch ein viertel Jahrhundert wird vergehen, bis Goethe auch den zweiten Teil abschließen und versiegeln kann, um ihn den Nachlaßherausgebern zur Publikation zu überlassen.
Der zweite Teil des »Faust« stellt des Dichters monumentalste und objektivste Antwort dar auf den Epochenwandel, der mit der Französischen Revolution begonnen hatte und dem Goethe in der Gestalt Napoleons gleichsam verkörpert begegnet war. Nach dem Untergang des Heiligen Römischen Reichs Deutscher Nation schreibt Goethe dessen Epitaph, zurückgehend auf die Geburtsstunde des römischen Kaisertums überhaupt, mit Caesars Sieg über Pompeius auf den Pharsalischen Feldern, hinüberwechselnd zum machtlosen Kaisertum am Ende der Reichsgeschichte, und die eigene Gegenwart erreichend im Bild eines skrupellosen Täters Faust, der sich im Bund mit höllischen Mächten ein Reich aus dem historischen Nirgendwo schafft: ein Imperator Creator, dem doch schon das Glöcklein seiner letzten Opfer Philemon und Baucis die Todesstunde einläutet.
Aus demselben Empfinden der Epochenwende geht aber noch ein zweites, ein höchst persönliches Werk hervor: die Autobiographie »Dichtung und Wahrheit«, welche die ersten fünfundzwanzig Jahre der eigenen Lebensgeschichte umfaßt. Es hängt mit Goethes Skepsis gegenüber aller Geschichtsschreibung zusammen, daß er keine historischen Werke hinterlassen hat, außer autobiographischen und wissenschaftsgeschichtlichen. Und es ist kein Zufall, daß er sich gerade jetzt, zwischen Napoleons Siegen und seiner endgültigen Niederlage,

diesem Genre zuwendet: in einer dynamischen, so viel Überkommenes hinwegfegenden Epoche, schafft er Werke der Selbstvergewisserung, die freilich zugleich schönste Zeugnisse einer weit über den Autor hinausreichenden Erinnerungskultur sind, geschrieben in einem objektivierenden und das konkrete Detail transparent machenden Stil, den noch Franz Kafka im 20. Jahrhundert bewunderte. Schon der Titel »Dichtung und Wahrheit« deutet an, daß Goethe nicht Geschichte schlechthin, sondern dichterisch geformte Geschichte schreiben will. Und der Obertitel »Aus meinem Leben« weist darauf hin, daß der Stoff nicht dem öffentlichen, sondern dem Privatbereich entnommen ist. Nicht im Geröll der politischen Begebenheiten, sondern im Werden und Wachsen eines Einzelnen gewinnt nach Goethes Auffassung ein historischer Zeitabschnitt die ihm eigene, wahre Repräsentanz: hier läßt sich ein Zusammenhang genetisch entwickeln, und wenn ihn das Dokumentierbare allein nicht hergibt, ist die poetische Einbildungskraft nicht nur befugt, sondern verpflichtet, der Geschichte zu ihrer Wahrheit zu verhelfen. Denn nicht die Realität an sich ist die Wahrheit, vielmehr gilt es, erst ein Organ für ihre Wahrheit zu entwickeln, und dieses Organ ist im Verständnis Goethes die dichterische Phantasie. Zwischen 1811 und 1814 erschien das Werk in drei Bänden.

Nachdem mit der Auflösung des romantischen Kreises in Jena Goethe wieder einen freieren Blick auf die jüngere Schriftstellergeneration gewonnen hatte, kam es zwischen 1805 und 1813 zu manchen für beide Seiten förderlichen Berührungen. Als Achim von Arnim und Clemens Brentano um seine Unterstützung für ihre große Liedersammlung »Des Knaben Wunderhorn« warben, akzeptierte er nicht nur die Widmung »Sr. Excellenz des Herrn Geheimerath von Göthe«, sondern würdigte die Arbeit der jungen Dichter in einer ausführlichen und durchwegs positiven Rezension, die er in seinem Hausblatt, der »Jenaischen Allgemeinen Literaturzeitung«, 1806 abdrucken ließ. Auch eine anhaltende Beschäftigung mit dem »Nibelungenlied« zwischen 1806 und 1809 brachte Goethe den Interessen der jüngeren Dichter näher, wenngleich Homer für ihn mit Abstand den ersten Platz unter den alten Epikern behauptete. Er machte sich Aufzeichnungen dazu, zeichnete sogar eine Karte und hielt in der Mittwochsgesellschaft einen Vortrag über das mittelhochdeutsche Heldengedicht. Dabei diente ihm Friedrich Heinrich von der Hagens Edition von 1807 als Grundlage.

Nicht zuletzt hielt der Theaterintendant Ausschau nach neuen Stücken, die er in Weimar aufführen könnte. Hierin dürfte einer der Gründe für die intensive Auseinandersetzung mit Heinrich von Kleist liegen. Dessen »Amphitryon«, der 1807 im Druck erschien, erweckte in ihm zwar den alten Groll, hier sei ein antiker Stoff ins Christliche umgebogen und unter der Gestalt der Alkmene verberge sich die Gottesmutter Maria; auch die »Penthesilea« mußte er aus seinem Antike-Bild heraus ablehnen. Aber dem Lustspiel »Der zerbrochene Krug« wollte er doch 1808 auf der Weimarer Bühne eine Chance geben. Die Inszenierung blieb erfolglos, woraus Kleist zu Unrecht den Schluß zog, Goethe sei ihm feindlich gesonnen und habe ihm mit voller Absicht eine Niederlage bereiten wollen. Das Zerwürfnis blieb unheilbar.

Noch mit einem zweiten Dramatiker unter den romantischen Dichtern hat es Goethe versucht: mit Zacharias Werner. Im Dezember 1807 hatten beide einander kennengelernt. Im Hause des Jenaer Buchhändlers und Verlegers Karl Friedrich Ernst Frommann begegnet man sich in den Wintermonaten 1807/1808 häufiger, angelockt auch durch das reizvolle Wesen von dessen achtzehnjähriger Pflegetochter Minna Herzlieb. Aus der Geselligkeit bei Frommann ging ein im Wettstreit der Dichter entstandener Zyklus von Sonetten hervor. Goethe knüpft an den »Canzoniere« Francesco Petrarcas an und beginnt mit dessen Sonetten an Laura ein bezauberndes Beziehungsspiel, in dem sich eine ernsthaftere Neigung zu Minna Herzlieb zugleich versteckt und verrät. An sich ist eine Lyrik, zu deren unaufhebbaren Voraussetzungen die Unerreichbarkeit der angedichteten Geliebten gehört, Goethes Sache nicht, daher gibt es sonst kaum Beziehungen zwischen dem Oeuvre Petrarcas und dem des Weimaraners. Nun ist Petrarca aber einer der Erzväter der europäischen Sonettdichtung überhaupt; indem Goethe sich in dieser bei den romantischen Dichtern sehr in Mode gekommenen Gedichtform beweist, huldigt er zugleich ihrem Begründer wie der jungen Frau in Frommanns Haus und gibt den jüngeren Dichtern zu verstehen, daß er nicht nur als Romancier und Dramatiker, sondern auch als Lyriker auf einen engen Klassizismus nicht festzulegen sei. Zacharias Werners Ehrgeiz lag freilich mehr auf dem Gebiet des Dramas, und in denselben Monaten des Jahres 1808, in denen Goethe es mit Kleist versuchte, ging auch Werners Trauerspiel »Wanda« in Weimar über die Bretter, zwei Jahre später dann seine Schicksalstragödie »Der vierundzwanzigste Februar«. Die Beziehung erlosch, als Werner 1811 zum Katholizismus übergetreten war und sich zum Priester hatte weihen lassen.

Neben den Sonetten zeigt auch Goethes in diesen Jahren entstandener dritter Roman, »Die Wahlverwandtschaften«, in einzelnen Motiven die produktive Aufnahme von Anregungen aus den Kreisen der Romantiker. Scheint er unterschwellig manchmal gegen Friedrich Schlegels Kunstauffassung Stellung zu beziehen, so bezeugen Elemente wie die Versuche mit dem Pendel, Ottilies mediale Charakterzüge, der legendenhafte Schluß die Aufmerksamkeit für jüngere Themen in der romantischen Literatur. Sie bleiben jedoch eingebunden in eine strenge, symbolische Komposition, die alles in Erzählung umsetzt und sich gerade zu den entscheidenden Wendungen des Geschehens jeden Kommentar versagt. Ferdinand Solger, Goethes jüngerer Zeitgenosse, hat das Buch einen »tragischen Roman« genannt, und in der Tat nähert sich die Selbstaufopferung Ottilies im Konflikt zwischen einem unwiderstehlichen, naturverhängten Liebeszwang und der Behauptung freier Sittlichkeit dem Tragischen. Das Buch ist aber auch ein Zeitroman, wie Achim von Arnim, der das ländliche Adelsmilieu genau kannte, scharfsichtig feststellte, ein Milieu, dessen gesellschaftlicher Bedeutung mit der Revolution mehr und mehr der Boden entzogen wurde: »Übrigens wollen wir unserm Herrgott und seinem Diener Goethe danken, daß wieder ein Teil untergehender Zeit für die Zukunft in treuer, ausführlicher Darstellung aufgespeichert ist«, schrieb er im November 1809 an Bettine Brentano. Das war eine Sprache für das Buch und seinen Dichter, die niemand besser verstand als eben Bettine. Denn in ihrer Verehrung für den Dichter ließ gerade sie sich von keinem übertreffen. Als junges Mädchen hatte sie sich mit Catharina Elisabeth Goethe befreundet, sich viel aus Johann Wolfgangs Kindheit und Jugend erzählen lassen, ja sogar auf Goethes Bitte ihm die Erzählungen der Mutter für die im Entstehen begriffene Autobiographie zur Verfügung gestellt. Es machte sie glücklich, in manchen seiner Werke Spuren aus ihren eigenen Briefen anzutreffen. Bettine zog es stets in die Nähe bedeutender Männer; aber mit Goethe war es doch anders, ihn liebte sie, was er sich erst ein wenig gefallen ließ, dann aber mehr und mehr abwehrte. Nach einer handgreiflichen Szene zwischen der nun schon mit Arnim verheirateten Frau und Christiane im September 1812 zerbricht die Verbindung auf viele Jahre. Was keinem der romantischen Dichter glückte, blieb auch ihr versagt. Zu keinem von ihnen entwickelte sich ein Verhältnis, das man freundschaftlich nennen könnte.

Eher noch darf man annehmen, daß ein Maler der Romantik Goethes Reserve durchbrochen hätte, und das ist Philipp Otto Runge. Goethe war schon 1801 anläßlich der Weimarischen Kunstausstellung auf ihn aufmerksam geworden, zwei Jahre später suchte Runge den Dichter in Weimar auf. Runge zwang gleichsam Goethe anzuerkennen, daß es eine romantische Kunst von Rang geben könne, an der er nicht vorbei käme, so fremd, ja unheimlich sie ihm auch sein mochte. Goethe hängte die Stiche der »Vier Tageszeiten«, die er im April 1806 geschenkt erhielt, in seinem Hause auf, um sich dieser Herausforderung ernsthaft auszusetzen; gegen Ende des Jahres widmete er ihnen in der »Jenaischen Allgemeinen Literaturzeitung« eine positive Rezension. Mindestens ebenso sehr oder noch mehr nahm er Anteil an Runges Überlegungen zur Theorie der Farben; endlich begegnete ihm ein Mann, der, völlig unabhängig, zu ähnlichen Ergebnissen gekommen war, und daß es ein Maler war, war Goethe nur desto lieber. »Möge sein schönes Talent praktisch betätigen, wovon wir uns beide überzeugt halten«, schreibt er über Runge.

Seit 1805 hat Goethe begonnen, seine langjährigen Experimente und Erkenntnisse in der Optik zu einem großen wissenschaftlichen Werk zusammenzufassen und bei Cotta herauszubringen. Die »Farbenlehre« erschien schließlich 1810. Anders als seine Schriften zur Morphologie stieß dieses Werk unter den Physikern auf nahezu totale Ablehnung: Goethes Versuch, Isaac Newtons Theorie, die Farben entstünden durch Brechung des weißen Lichts, zu widerlegen, ist mißlungen. Goethe hat das Werk gleichwohl sein Leben lang verbissen verteidigt, für ihn stand und fiel mit ihm die Validität auch seines dichterischen Alterswerks. Zum Glück schafft sich der Zusammenhang poetischer Bilder eine eigene Wahrheit und bedarf nicht des Plazets der Physik. Aber neben dem Falschen steht auch viel Richtiges in dem Buch, vor allem zur Physiologie des Auges. Und der historische Teil der »Farbenlehre« ist ein Meisterstück der Wissenschaftsgeschichte. Runge verstarb schon 1810, so daß das Gespräch, das so verheißungsvoll begonnen hatte, abbrach, als Goethe seiner am meisten bedurft hätte. Seinen großen Respekt vor dem Maler hat er auch später noch oft bekundet und ihm, wie auch Caspar David Friedrich, immer eine Sonderstellung unter den Künstlern seiner Gegenwart eingeräumt.

Achtes Kapitel

An Rhein, Main und Euphrat

Den Sommer 1813 verbrachte Goethe wie nun schon seit Jahren in Böhmen, diesmal in Teplitz. Sowohl auf der Hin- als auch auf der Rückreise führte ihn sein Weg über Dresden, wo er erneut die Antikensammlung, die Gemäldegalerie und die Baudenkmäler aufsuchte. Schon bald nach der Heimkehr am 19. August beginnen die Befreiungskriege, deren Auswirkungen auf Weimar und auf Goethes Leben das Winterhalbjahr 1813/1814 durchdringen. Die Haltung des Dichters zu den Ereignissen ist zwiespältig. Er wußte zu verhindern, daß sein Sohn August sich – wie so viele und gewiß nicht die schlechtesten seiner Generation – als Freiwilliger meldete, und das nicht nur aus persönlichen Gründen, sondern weil er zwar für einen Koalitionskrieg der Fürsten gegen Napoleon Verständnis aufgebracht hätte, die Mobilisierung von Zivilisten in der Landwehr aber ablehnte und die Agitation der Sprecher der Befreiungsbewegung mit ihren vaterländischen und oft brutal antifranzösischen Parolen für verderblich in Gegenwart und Zukunft hielt. Immer noch sehr vorsichtig, aber doch deutlich genug äußert er sich einmal gegenüber einem Vertreter dieser jüngeren Generation, dem erst dreiundzwanzig Jahre alten österreichischen Delegationsmitglied am Bundestag zu Frankfurt am Main, Franz Bernhard von Buchholtz. In dem auf den 14. Februar 1814 datierten Schreiben werden verfassungs- und gesellschaftspolitische Fragen angesprochen. »Die Vereinigung und Beruhigung des deutschen Reiches im politischen Sinne überlassen wir Privatleute, wie billig, den Großen, Mächtigen und Staatsweisen« – also: keine wie immer rechtlich geregelte Mitbestimmung durch Bürgergremien. Goethe beklagt sodann den Mangel an kultureller und sozialer Kohärenz in Deutschland, mit der Folge, daß die einzelnen Individuen »sich verkennen, mißachten, hindern, verspäten, verfolgen und beschädigen (...)«. Dieses Übel habe sich durch die neue Art der Kriegsführung noch verstärkt, »indem außer den vom Druck Befreyten und wieder neu Auflebenden, nun auch noch die große Masse derer, welche durch kriegerische Thatkraft die heilsame Veränderung (gemeint ist hier: die Befreiung von den Franzosen) bewirkten, ein entschiedenes Recht haben zu meinen, weil sie geleistet haben«. Das heißt nichts anderes, als daß Ansprüche an die Beteiligung zur Gestaltung der öffentlichen Angelegenheiten erwachsen seien, denen jedoch kein Gemeinsinn entspreche – »so muß der Conflict immer wilder, und die Deutschen mehr als jemals, wo nicht in Anarchie, doch in sehr kleine Parteien zersplittert werden«. Goethe schließt diesen Teil des Briefes, ehe er zur Bestimmung seiner eigenen Aufgabe in der gegebenen Lage übergeht: »Verzeihen Sie mir, daß ich so grau sehe; ich thue es, um nicht schwarz zu sehen; ja manchmal erscheint mir dieses Gemisch farbig und bunt. Gebe uns das gute Glück eine feste politische Lage, so wollen wir die obige Jeremiade in Scherz- und Spaßlieder umwandeln.« Das Wort »bunt« bezeichnet in Goethes Sprachgebrauch eine disharmonische Zusammenstellung der Farben. Der Arbeit an der Autobiographie unterlegt der Autor in diesem Briefzusammenhang den Sinn eines sozialpädagogischen Fingerzeigs, nämlich »zu zeigen, wie immer eine Folgezeit die vorhergehende zu verdrängen und aufzuheben suchte, anstatt ihr für Anregung, Mittheilung und Überlieferung zu danken«. Goethe erkannte das revolutionäre Moment in den Befreiungskriegen und fürchtete es. Und er ist des Glaubens, daß eine »vollendete Bildung«, »wie sie der jüngere Deutsche jetzt mehr als jemals hoffen kann«, ihm persönlich wohl auch so manchen Konflikt mit der jüngeren Generation erspart hätte. Aber aus solchen Konflikten sollte er bis an sein Lebensende nicht mehr herauskommen.

Seit 1801 stand er mit dem Göttinger Verfassungshistoriker Georg Sartorius in lockerer Verbindung. Zwischen April und Juni 1814 intensivierte sich dieser Kontakt, als Sartorius nach Weimar und Jena kam; Goethe veranlaßte schließlich, daß der Gelehrte die Weimarer Delegation als Berater zum Wiener Kongress begleitete. Sartorius hatte 1814 den Entwurf einer neuen Reichsverfassung vorgelegt, und dieser Arbeit eines alten Bekannten schenkte Goethe ein wenig Vertrauen, während er von den Staatstheoretikern der Romantik wenig Gutes erwartete. Beide – Sartorius und Goethe – stimmten in der Betreibung eines gemäßigten Reformkurses überein, beide lehnten sowohl die Wiederherstellung der Zustände vor der napoleonischen Umwälzung als auch einen aus abstrakten Grundsätzen deduzierten Verfassungsstaat ab.

Aus Goethes, freilich die realen Machtverhältnisse verkennender, positiver Beurteilung der Hannoverschen Verfassung von 1814/15 lassen sich einige Grundzüge seiner Auffassung ablesen: über den Landtagen der einzelnen Regionen eine das ganze Territorium umfassende Ständeversammlung, ein korporativ gegliedertes Wahlrecht, ein geregelter Wechsel in der Versammlungspräsidentschaft, eine in sich schlüssige, verbindliche Geschäftsordnung. Goethe weiß allerdings, daß es ihm an Kompetenz in diesen Fragen fehlt: »Soviel«, fügt er hinzu, »scheint mir nach der ersten Ansicht von diesen Dingen, über die ich freylich niemals nachgedacht. Ich mag mich sehr gern regieren und besteuern lassen, wenn man mir nur an der Öffnung meines Fasses die Sonne läßt« (an Sartorius, Mitte Januar 1815).

Als am 5. Mai 1816 Sachsen-Weimar eine neue Verfassung erhielt, sorgte der Diogenes in seiner Tonne vor allem dafür, daß der Haushalt der Bildungsanstalten, für die er die Verantwortung hatte, an der sichersten Stelle untergebracht wurde: nicht bei irgendeinem Ressort, sondern beim Hof-Etat.

Während einiger Mai- und Juni-Wochen 1814, die Goethe in Bad Berka zur Kur verbrachte und in denen er häufig vom nahen Weimar her Besuch bekam, kam dem Dichter jenes Buch in die Hände, das seiner Poesie in den nächsten Monaten und Jahren die Richtung weisen sollte: die vom Wiener Orientalisten Josef von Hammer-Purgstall besorgte Übersetzung der Gedichte des persischen Lyrikers Hafis. Über die kunstvoll gestaltete Erstausgabe von 1819 bis hin zur erweiterten Edition von 1828 entstand in vierzehn Jahren der große Gedicht-Kreis Goethes an der Schwelle zum Alter: der »West-östliche Divan«.

Die Genese des Werks ist auf das engste verknüpft mit den beiden Reisen, zu denen er sich 1814 und 1815 aufmachte, in die alte Heimat nach Frankfurt und weiter an den Rhein. 1814 zögerte er noch. Dann aber ließ er sich doch bewegen – durch die Berichte des Sohnes August von den großen Veränderungen in Frankfurt, durch die Aussicht auf das nahe Ende der Befreiungskriege, das dann im Mai 1814 durch den Frieden von Paris wirklich eintrat, durch den eigenen Wunsch, nachdem zu Ostern 1814 der dritte Teil von »Dichtung und Wahrheit« erschienen war, für den vierten noch einmal die Erinnerung an die Stätten seiner Jugend aufzufrischen, und schließlich durch die Gewißheit, in Wiesbaden den Berliner Freund Carl Friedrich Zelter anzutreffen und mit ihm gemeinsam einige Wochen verbringen zu können.
Goethe bricht am 25. Juli auf, und in der Kutsche, die ihn in fünf Tagen über Eisenach, Fulda und Hanau, ohne längeren Aufenthalt in Frankfurt am Main, nach Wiesbaden führt, setzt sich eine lyrische Produktivität fort, die schon in Bad Berka eingesetzt hatte. Zwischen dem 19. Juni und der Ankunft in Wiesbaden entstehen nicht weniger als einundzwanzig »Divan«-Gedichte, während eines der Reisetage, am 26. Juli, allein neun, darunter das grimmige »Übermacht, Ihr könnt es spüren«, in dem Goethe im Verhältnis von Dichter und Tyrann auch seine eigene Beziehung zu Napoleon spiegelt. Der Friede von Paris, mit Napoleons Abdankung sowie seiner Verbannung nach Elba besiegelt, ist noch keine zwei Monate alt.
Am zweiten Tag seines Wiesbadener Kuraufenthalts schreibt Goethe jene Strophen, die wohl die geheimnisvollsten und zugleich die berühmtesten des ganzen Zyklus geworden sind, »Selige Sehnsucht«.

Selige Sehnsucht

Sagt es niemand, nur den Weisen,
Weil die Menge gleich verhöhnet,
Das Lebend'ge will ich preisen
das nach Flammentod sich sehnet.

In der Liebesnächte Kühlung,
Die dich zeugte, wo du zeugtest,
Überfällt dich fremde Fühlung
Wenn die stille Kerze leuchtet.

Nicht mehr bleibest du umfangen
In der Finsterniß Beschattung,
Und dich reißet neu Verlangen
Auf zu höherer Begattung.

Keine Ferne macht dich schwierig,
Kommst geflogen und gebannt,
Und zuletzt, des Lichts begierig,
Bist du Schmetterling verbrannt.

Und so lang du das nicht hast,
Dieses: Stirb und werde!
Bist du nur ein trüber Gast
Auf der dunklen Erde.

Bis zum 27. Oktober, also immerhin ein Vierteljahr, hält sich Goethe an Rhein, Main und Neckar auf, und im folgenden Jahr 1815 dehnt er diesen Aufenthalt in der alten Heimatregion noch länger aus, von Ende Mai bis zum 11. Oktober. Die hier empfangenen Anregungen verbanden sich mit der intensiven Aneignung der altpersischen und arabischen Kultur und Literatur, und es entstand jener unendlich reiche Gedichtzyklus, der Goethe bis 1821 beschäftigte, gelegentlich noch darüber hinaus.

Schon auf der Reise 1814 lernte er Marianne von Willemer kennen, die dreißigjährige Frau des Bankiers Johann Jakob von Willemer, eine in vielen Fächern ausgebildete Künstlerin – Schauspielerin, Sängerin, Gitarristin und auch Dichterin österreichischer Herkunft, ein Wesen, wie aus der Sphäre Mozarts nach Frankfurt am Main versetzt. Ohne die Begegnung mit ihr und ohne ihren auch produktiven Anteil am »West-östlichen Divan« hätte Goethe den Liebesdialog in Gedichten

zwischen dem gealterten Dichter Hatem und der jungen Suleika nicht so schreiben können, wie er nun den ganzen Zyklus durchwirkt.
1814 hatte man sich nur kurz gesehen, 1815 verbrachte Goethe viele Wochen als Gast bei den Willemers, und es entstand eine Liebe, die, wenn sie sich auch in heiteren Rollenspielen erging, doch keineswegs der tiefen Empfindung entbehrte. Marianne von Willemer litt bis zu depressiver Erkrankung an Goethes Ausbleiben in den Folgejahren, und die bis 1832 anhaltende Korrespondenz konnte zwar trösten und lindern, aber den Schmerz der Trennung nur langsam in resignatives Entsagen hinüberleiten.
Mit dem »West-östlichen Divan« setzt Goethes Alterspoesie ein. Nach dem klassizistischen Jahrzehnt zwischen 1795 und 1805 und nach den stürmischen Jahren zwischen 1806 und 1813, in denen Goethe außer mit den »Wahlverwandtschaften« mit der Autobiographie und der »Farbenlehre« befaßt ist, öffnet sich seine dichterische Welt nun ins Universale und gewinnt eine Spiritualität, in deren Raum Sinnlichkeit und Geistigkeit die anmutigsten Verbindungen eingehen. Ohne trocken oder didaktisch zu werden, vermag der Dichter das Konkrete zu spruchhaften Formeln zu verdichten und dabei doch durch die Unerschöpflichkeit der Modulation dem subjektiven Element seiner Lyrik jeden Spielraum zu lassen. Die Sprache des »West-östlichen Divan« wie später die des zweiten Teils des »Faust« hat mit ihren scheinbar so lässig hingesagten Kühnheiten bis in die jüngste Moderne ihre Spuren hinterlassen.
Goethes Altersstils kennzeichnet auch eine neue Offenheit des Dichters selbst nicht nur für das Ferne, sondern auch für das Nahe, für die historische Dimension der eigenen Ursprünge. 1814 und 1815 fand er ein völlig verändertes Frankfurt vor. Die Stadt hatte den Charakter einer sich nach außen schützenden Festung verloren, nachdem seit 1808 die Mauern, Wälle und Tore geschleift und statt dessen rings um den alten Stadtkern ein Park geschaffen worden war. Sie verband sich, vom Fluß durchzogen, mit der heiteren Landschaft am unteren Main bis hinüber in den Rheingau und wurde von deren Licht durchglänzt. Von dem Willemerschen Sommersitz, der Gerbermühle am südlichen Mainufer, wo Goethe den August und September 1815 ver-

brachte, bot sie dem über den Fluß hingleitenden Auge den Anblick weltzugewandter Wohnlichkeit. Das Bazar-Leben des Orients im »West-östlichen Divan«, das spielerische und geschäftige Treiben der Kähne auf dem Wasser scheinen ihrem »westlichen« Pendant zu gleichen: Frankfurt am Euphrat, Bagdad am Main.

Ebenfalls in den Sommermonaten 1814 und 1815 lernte Goethe den bedeutendsten politischen Kopf des preußischen Wiederaufstiegs und der Befreiungskriege kennen: den Reichsfreiherrn Heinrich Friedrich Karl vom Stein. Ob Goethe Steins Bedeutung recht bewußt war, darf man bezweifeln; aber Stein wußte genau, wer Goethe war und wo Goethe mit seinen Napoleon-Sympathien stand. Dennoch ließ er sich dadurch nicht einen Augenblick irritieren, lud den Dichter Ende Juli 1815 in sein Schloß in Nassau an der Lahn ein und unternahm mit ihm eine Schiffsreise bis nach Köln. Während dieser Tage verstand er es, Goethes kulturgeschichtliche Kenntnisse und die Erfahrung des Weimarer Ministers mit gewachsenen kulturellen Einrichtungen für seine Politik fruchtbar zu machen.

Beim Wiener Kongress war dem Königreich Preußen die im wesentlichen aus den Territorien der Erzbistümer Köln und Trier gebildete Rheinprovinz zugefallen. Wie sollte man von Berlin aus mit diesem und mit anderen neu hinzugekommenen Regionen umgehen? Sollte man sie am kurzen Zügel führen und ihren Status dem der Départements im nachrevolutionären Frankreich angleichen, oder sollte man ihre eigene Geschichte respektieren und ihnen in bestimmten Bereichen eine eigenverantwortliche Administration belassen? Stein, der der zweiten Denkrichtung angehörte, hat rasch bemerkt, daß Goethe ähnlich dachte. Und so bat er ihn um ein Gutachten, wie die preußische Regierung mit der reichen Substanz an Kunst und Kultur in ihrer Rheinprovinz umgehen sollte. Goethe verschloß sich dieser Bitte nicht und verfaßte die Denkschrift »Über Kunst und Altertum in den Rhein- und Maingegenden«, die 1816 als Einzeldruck erschien. Die Stellungnahme zugunsten der Erhaltung, Pflege und Zugänglichkeit der Kunstwerke an ihren angestammten Orten verfehlte ihre Wirkung in Berlin nicht, und im Großen und Ganzen folgte man den Goetheschen Vorschlägen.

Auch Goethe selbst hatte von diesem Auftrag großen Gewinn, veranlaßte er ihn doch, den kunst- und kulturhistorischen Ertrag seiner beiden Reisen auch für sich selbst zu resümieren.
Schon im Frühjahr 1810 hatte der Kunstsammler Sulpiz Boisserée zu ihm Kontakt aufgenommen, um seine Unterstützung für die Pläne zur Vollendung des Kölner Doms zu gewinnen. Im Jahr darauf kommt Boisserée selbst nach Weimar, und es gelingt ihm, Goethes altes Interesse für die Baukunst der Gotik wieder zu beleben. Sulpiz und Melchior Boisserée sowie ihr Freund Johann Baptist Bertram stammten aus Köln und hatten unter dem Einfluß von Friedrich Schlegel ihre Aufmerksamkeit der altdeutschen und altniederländischen Kunst in ihrer Heimatgegend zugewandt. Ihre bedeutende Gemäldesammlung hatten sie 1810 nach Heidelberg überführt und machten sie dort in liberalster Form allen Interessierten zugänglich. Auch Goethe verbrachte 1814 und 1815 viele Tage zu intensivem Studium bei den Boisserées und lernte eine Kunstepoche anerkennen, ja schätzen, an der er bislang, befangen in seiner klassizistischen Kampfposition, vorübergegangen war. Ohne daß sich seine Grundhaltung veränderte, ließ er der altdeutschen und altniederländischen Malerei nun in historischer Betrachtung Gerechtigkeit widerfahren, ja er konnte sich sogar für einzelne Werke begeistern. Aus der Denkschrift ging schließlich die Zeitschrift »Über Kunst und Altertum« hervor, die Goethe selbst herausgab und deren letztes Heft in seinem Todesjahr 1832 erschien.
Der Freiherr vom Stein vermochte Goethe 1819 kurzfristig auch für die »Gesellschaft für ältere deutsche Geschichtskunde«, die später unter dem Namen »Monumenta Germaniae Historica« firmierte und noch heute existiert, zu interessieren, der Dichter lieferte ein Schema zur Beschreibung mittelalterlicher Handschriften, das er am Beispiel von Codices aus der Universitätsbibliothek Jena erarbeitete. Die freundschaftliche Beziehung zu Sulpiz Boisserée hielt bis zu Goethes Tod an, und Boisserée wurde zum klugen und redlichen Vermittler, als Goethe mit seinem Verleger Cotta die Bedingungen aushandelte, unter denen die letzte von Goethe selbst besorgte Werkausgabe, die Ausgabe letzter Hand, erscheinen sollte.

Die beiden Reisen an Rhein, Main und Neckar waren Goethes letzte größere Unternehmungen. Eine für 1816 geplante dritte Fahrt dorthin unterblieb schließlich, nachdem ein Unfall bei Erfurt den Reisenden erschreckt und zur Rückfahrt nach Weimar bewogen hatte. Bis 1823 wurden noch regelmäßig die böhmischen Bäder aufgesucht, danach verließ Goethe das Großherzogtum nicht mehr.
Inzwischen hatten sich seine häuslichen Lebensumstände von Grund auf geändert. Am 6. Juni 1816 verstarb Christiane nach kurzer, schmerzvoller Krankheit, Goethe verlor nach achtundzwanzig Jahren der Gemeinsamkeit die engste Lebensgefährtin. Für den auf den 70. Geburtstag zugehenden Dichter war es ein harter Verlust, auch wenn die Leidenschaftlichkeit der beiden ersten gemeinsamen Jahrzehnte schon lange einer herzlichen Vertrautheit und Vertraulichkeit gewichen sein mochte: Christiane hatte weit mehr getan, als ihrem Freund ein großes Haus zu führen, sie hatte es verstanden, ihm persönlich ein Daheim zu bereiten, in dem er sich zufrieden und geborgen fühlte. Wie stets bei ihm besonders nahegehenden Todesfällen in seinem familiären Umkreis hat er sich auch zum Tod Christianes nur wenigen gegenüber in wenigen Sätzen geäußert; ein doch wohl nachträglich mit dem Todesdatum Christianes überschriebener Vierzeiler ist allzu gewandt formuliert, als daß man an ihm die wirkliche Trauer des Verbliebenen ablesen könnte:

Du versuchst, o Sonne, vergebens
Durch die düstren Wolken zu scheinen
Der ganze Gewinn meines Lebens
Ist ihren Verlust zu beweinen.

Das kleine Gedicht wurde erst in der Ausgabe letzter Hand gedruckt. Als das Trauerjahr um Christiane verstrichen war, heiratete Goethes Sohn August am 17. Juni 1817 das Freifräulein Ottilie von Pogwisch und zog mit seiner jungen Frau in das Haus am Frauenplan. Ottilie nahm nun die Leitung des Hauswesens in die Hand. 1818 wird der erste, 1820 der zweite Enkel geboren, sieben Jahre später sollte noch eine Enkelin nachfolgen. Goethe, der stets Freude an Kindern hatte,

hatte auch Vergnügen an seinen Enkeln, das mochte ihm darüber hinweghelfen, daß die jungen Eheleute mehr in Disharmonie als im Glück lebten. Über Ottilies Fürsorglichkeit für ihn selbst hatte er sich gewiß nicht zu beklagen. Auch sie verstand es, geselliges und privates Leben im Haus nach seinen Wünschen zu gestalten.

Schon 1817 hatte sich Goethe eine lästig gewordene Aufgabe vom Halse geschafft: im April legte er unter Protest sein Amt als Intendant des Weimarer Theaters nieder. Den letzten äußeren Anstoß dazu gab ein Konflikt mit Caroline von Heygendorf, die als Caroline Jagemann 1797 als Schauspielerin und Sängerin in Weimar engagiert worden und 1802 die Geliebte Herzog Carl Augusts geworden war. Der tiefere Grund dürfte jedoch gewesen sein, daß Goethe mit Christiane die wichtige im Hintergrund wirkende Helferin in der Theaterarbeit verloren hatte.

Als Amt verblieb ihm immer noch die Oberaufsicht über sämtliche Bildungseinrichtungen in Weimar und in Jena, um die er sich nachhaltig kümmerte.

Drei unvollendete Werk-Komplexe nahm er mit ins Alter hinüber: den »Faust«, den »Wilhelm Meister« und die Autobiographie. Einen von ihnen, die Autobiographie, hatte er nach der Rückkehr aus den Rhein- und Maingegenden noch vorantreiben können; aber nicht der vierte Teil von »Dichtung und Wahrheit« wurde fertig, vielmehr zog Goethe die »Italienische Reise« vor, von der zwei Bände 1816 und 1817 abgeschlossen wurden, während der dritte vorerst liegenblieb. Aus »Wilhelm Meisters Wanderjahren« gab Goethe einiges zum Vorabdruck, so daß sich im Publikum schon ärgerlich-unruhige Stimmen wegen der lang verschleppten Vollendung hören ließen. Über den Fortgang der Arbeit am »Faust« verriet Goethe vorerst nichts.

Neuntes Kapitel

Die späten Weimarer Jahre

Mit dem Einzug der jungen, schließlich auf fünf Personen anwachsenden Familie beginnt im Haus am Frauenplan die späte Weimarer Zeit des Dichters. Neben Ottilie von Goethe gehörte auch die Schwester Ulrike von Pogwisch zu den Hausbewohnern, zwanzig Jahre alt und eine amüsante Gesellschafterin, der Goethe gern zuhörte, zumal sie stets genau über alles im Bilde war, was sich am großherzoglichen Hof zutrug.

Zum sich neu konstituierenden freundschaftlichen Kreis gehörten die Gräfinnen Caroline und Julie von Egloffstein, die eine der Musik, die andere dem Zeichnen und Malen zugetan; ständige Gäste im Haus waren oder wurden nun der Kunsttheoretiker Johann Heinrich Meyer, der Altphilologe Friedrich Wilhelm Riemer und von 1823 an Johann Peter Eckermann.

Eckermann sollte zum wichtigsten Helfer Goethes in den späten Jahren werden. Er stammte aus einfachen Verhältnissen, und als er mit einunddreißig Jahren seine niedersächsische Heimat verließ und nach Weimar ging, brachte er einige autodidaktisch erworbene Literaturkenntnisse, wenig Geld und unendlich viel Enthusiasmus für Goethe mit. Bei ihm hatte er sich zuvor mit einer Schrift über Goethes Poesie eingeführt und viel Beifall gefunden. Goethe schenkte ihm Vertrauen und hielt ihn in Weimar als seinen Mitarbeiter und Redakteur fest. So wurde Eckermann neben dem Jenaer Bibliothekar und Philologen Karl Wilhelm Göttling der dienstbare Geist bei der Entstehung der Ausgabe letzter Hand. Mit seinen im Juni 1823 einsetzenden »Gesprächen mit Goethe in den letzten Jahren seines Lebens«, die einen stets ausgeglichenen und überlegenen Goethe präsentieren, im übrigen aber weitgehend authentisch sind, hat er ein wichtiges Quellenwerk geschaffen, aber auch das Goethe-Bild des 19. Jahrhunderts stark beeinflußt: in Richtung einer Auffassung Goethes als des allezeit ruhig-überlegenen Olympiers.

Näher an Goethes Alltag heran führen die »Unterhaltungen mit Goethe«, die der Weimarer Kanzler Friedrich von Müller hinterlassen hat: seit 1815 an der Spitze der Justizverwaltung stehend, gehörte Müller in den späten Jahren ebenfalls zu den häufigen Gästen Goethes. Seine Aufzeichnungen gewinnen von 1818 an eine erhebliche Dichte, und hier nun erscheint der Hausherr in den unterschiedlichsten Stimmungslagen – bald heiter oder ironisch, bald sachlich und bestimmt, bald unmutig, wütend und bitter. Sind die Eckermannschen »Gespräche« inhaltlich reich und mitunter fast Lehrgespräche, so sind die Müllerschen Aufzeichnungen lebendiger und spontaner. Beide Zeugnisse ergänzen einander vorzüglich.

Feste Gesprächskreise wie zwischen 1790 und 1806 etablierte Goethe im Alter nicht mehr, aber die schon seit 1807 gelegentlich stattfindenden Hauskonzerte wurden nun regelmäßig veranstaltet, und so gab es doch wieder eine Art jour fixe, zu dem sich die Hausfreunde und die gelegentlichen Besucher im Haus versammelten.

Goethes Beziehung zu allen Angehörigen der Herzogsfamilie blieb gleichmäßig stabil. Man wußte dort sehr gut, wieviele fremde und auch bedeutende Gäste des Dichters wegen nach Weimar kamen. Carl August und Luise, seit langem einander entfremdet, besuchten ebenso wie die Prinzessinnen den berühmten alten Mann in den gepflegten Repräsentationsräumen seines museumsartigen Domizils, umgekehrt ließ es Goethe nicht an Aufmerksamkeiten gegenüber den herzoglichen Damen fehlen.

Von 1818 an stieg am Hof der Einfluß des Erbgroßherzogspaars Karl Friedrich und Maria Paulowna, denn in diesem Jahr wurde endlich nach vierzehnjähriger Ehe der Erbprinz Karl Alexander geboren. Und es war die reiche Mitgift der Zarentochter, die dem Land, nach den schweren Belastungen zwischen 1806 und 1814, finanziell wieder aufhalf. Mit Maria Paulowna hatte Weimar eine Fürstin von hoher praktischer Energie und bemerkenswertem sozialem Engagement gewonnen, eine Fürstin auch, die rasch begriff, was das geistige Leben für

Weimars Stellung in Deutschland bedeutete, auch wenn sie selbst – anders als Anna Amalia und Luise – daran nicht unmittelbaren Anteil nahm.

Der regierende Großherzog Carl August hatte in der Ära Metternichs und der Heiligen Allianz keinen leichten Stand. In seinem Land hatte 1817 das Wartburgfest, diese gemeinsame Manifestation der nationalromantisch und der liberal gesonnenen Heimkehrer aus den Befreiungskriegen stattgefunden, zum Verdruß der zumeist auf Metternichs Kurs liegenden Fürsten. Seine Universität Jena war eine Hochburg der Burschenschaften, und die Weimarische Verfassung von 1816 galt als eine der liberalsten im Deutschen Bund. Der Fürst mußte sehen, daß Weimar nicht in die Isolation geriet, und viele Möglichkeiten einer selbständigen Politik waren ihm nicht mehr geblieben, nachdem so viele ehemals unabhängige Reichsstände ihre Souveränität verloren hatten: in der Bundesversammlung zu Frankfurt am Main hatten alle die kleinen wettinischen Fürstentümer zusammen nur einen Delegierten, bei Verfassungsangelegenheiten verfügte Sachsen-Weimar über eine einzige Stimme von 69! Auf Goethe konnte der Großherzog in politischen Dingen nicht mehr zählen, aber ihre Freundschaft blieb ungetrübt.

Mit großem Aufwand wurde 1825 Goethes fünfzigjähriges Weimar-Jubiläum gefeiert. Carl August würdigte die Verdienste des Jubilars um das Herzogtum, und die Universität Jena ehrte ihren Förderer mit dem Ehrendoktor der Jurisprudenz. Auch sonst häufen sich die Auszeichnungen und Orden, zum Geburtstag 1827 kommt König Ludwig I. von Bayern persönlich zur Gratulation nach Weimar, König Wilhelm I. von Württemberg sucht den Dichter schon 1820 und wieder 1831 auf. Der Groll auf den früheren Anhänger Napoleons ist längst verflogen, kraft seines Werkes ist der Dichter zu einer kulturellen Instanz geworden.

Nicht unbedingt freilich für die jüngsten Dichter und Schriftsteller, die ihm sein Stillhalten gegenüber den Metternichschen Zwangsmaßnahmen verübelten. Goethe sah sich dem Vorwurf des Indifferentismus ausgesetzt, und einer der Wortführer der Jungen, Ludwig Börne, nannte ihn sarkastisch das »Zeitablehnungsgenie«. Das hielt allerdings diejenigen unter ihnen, die als Dichter etwas zu sagen hatten, nicht davon ab, sich auf den Weg nach Weimar zu machen: 1821 suchte August Graf von Platen das Haus am Frauenplan auf, 1824 wanderte Heinrich Heine von Göttingen aus zu Goethe, 1826 folgte der junge Franz Grillparzer. Aber aus keinem dieser Besuche entstand eine engere Beziehung. Goethe mußte mit der ihm verbleibenden Zeit haushälterisch umgehen, auf die zahllosen ihm zugesandten Manuskripte und Drucke zu reagieren, war unmöglich. So setzte er in seinen letzten Lebensmonaten zwei knappe, allgemeine Stellungnahmen und Ratschläge für junge Dichter auf, die zwar alsbald gedruckt wurden, aber zu spät kamen. Daß er sich auf dem laufenden hielt, beweist der Bestand seiner Weimarer Hausbibliothek: darin stehen Werke vom Dramatiker Michael Beer, von Heine, Immermann und Hofmann von Fallersleben, von Platen, Rückert und Waiblinger, die Werke von Waiblinger allerdings unaufgeschnitten, Goethe hat sie also nie gelesen.

Besonders eng gestalteten sich in diesen späten Jahren Goethes Kontakte zu Berlin. Hier lebte und wirkte Carl Friedrich Zelter, mit dem Goethe schon seit langem eine herzliche Freundschaft verband. Sie hatte sich langsam aus anfänglichem gegenseitigem Respekt entwickelt, denn schon seit den neunziger Jahren erschienen dem Dichter die Zelterschen Vertonungen seiner Texte als die besten. Im Laufe der Jahre wurde dann die Korrespondenz immer dichter und ging inhaltlich über das Musikalische hinaus; persönliches Glück und Unglück wurden nicht übergangen, und als 1812 Zelters Stiefsohn Selbstmord beging, sandte Goethe dem zutiefst niedergeschlagenen Freund einen Brief der Anteilnahme und des Trostes, der statt des »Sie« das »Du« wählt. Dabei blieb es, und es bedeutete viel, war Goethe doch sogar bei Schiller nicht zum »Du« übergegangen. Zelter sollte auch der letzte bleiben, dem Goethe die vertrauliche Anrede einräumte.

Von Haus aus gar nicht zur Musik, sondern zum Maurerberuf bestimmt, machte Zelter in Berlin Karriere, übernahm 1800 die Leitung der Sing-Akademie und bekam 1809 die Oberaufsicht über die gesamte Kirchen- und Schulmusik in die Hand; die im selben Jahr von ihm gegründete »Liedertafel« wurde zum Ausgangspunkt anspruchsvoller Musik für Männerchöre. Wenn Goethes Kenntnisse über Musik im höheren Alter zunahmen, so verdankte er es vor allem seinem Freund Zelter. Und er verdankte ihm überdies eine intime Kenntnis des Berliner Kultur-, Theater und Opernlebens nach den Befreiungskriegen.

In Berlin war es kein Geheimnis, daß Goethe in allem, was von dort an ihn herangetragen wurde, zuerst Zelter befragte und dessen Urteil einholte. Hätte er in Wien einen Partner von derselben Aufmerksamkeit gehabt, so wäre er vielleicht nicht achtlos über eine Zusendung von dort, Franz Schuberts Vertonungen von dreien seiner Gedichte 1825, hinweggegangen. Zelter kam im November 1821 mit seinem zwölfjährigen Schüler Mendelssohn-Bartholdy nach Weimar, und der Bub nahm den Dichter durch sein Klavierspiel völlig gefangen. Bis 1830 wiederholten sich die Besuche Mendelssohns mehrmals, und was bis dahin niemandem gelungen war, schaffte der junge Komponist und Klaviervirtuose: in Goethe einen hohen Respekt vor der Musik Beethovens zu erwecken. Ein unüberwindliches Befremden blieb jedoch, Haydn und Mozart standen dem Dichter zeitlebens viel näher.

Außer über Zelter gab es noch andere Brücken nach Berlin. Da ist zunächst die zu Friedrich Hegel und seinem Kreis sowie die zum Ehepaar Varnhagen zu nennen. Aus dieser Gruppe gingen 1826 die »Jahrbücher für wissenschaftliche Kritik« hervor, deren Initiatoren heftig um Goethe warben und ihn auch gewannen. Obwohl der ursprünglichen Idee nach der Verbreitung der Philosophie Hegels zugedacht, bewies die Zeitschrift durch die Namen der Mitarbeiter doch ein hohes Maß an Liberalität. Mit Hegel stand Goethe in bestem Einvernehmen, und das Ehepaar Varnhagen gehörte seit Jahrzehnten zu den treuesten Goethe-Verehrern. Daß Cotta den Verlag der Zeitschrift übernahm, war Goethe überdies Garantie für eine wohlwollende Behandlung seiner eigenen Werke. Er selbst lieferte einige Beiträge zu der Zeitschrift, und seine Korrespondenz mit verschiedenen Berliner Mitarbeitern, vor allem mit Carl August von Varnhagen, zeigt eine Freimütigkeit und Offenheit, die sich nur durch ein hohes Vertrauen in die Briefempfänger erklären läßt. In Gesprächen in seinem Haus hat er sich mehrfach lobend über das Niveau der Kritik in den Berliner »Jahrbüchern« ausgesprochen.

Ein weiterer wichtiger Berliner Gesprächspartner Goethes war der Staatsrat Christoph Ludwig Friedrich Schultz. Die Beziehung war schon 1814 durch Zelter vermittelt worden, und so viele Themen die Korrespondenz auch berührt, im Mittelpunkt des Goetheschen Interesses an diesem hohen, politisch erzkonservativen Beamten, der Goethe mehrfach in Weimar besuchte, stand ihre Übereinstimmung in die »Farbenlehre« berührenden Fragen. Eines der Kümmernisse des alten Goethe war es nämlich, daß dieses Werk, das er zeitweilig über seine Dichtung stellte, so wenig Zustimmung fand. Schultz aber teilte Goethes Position und vertrat sie auch öffentlich in eigenen Schriften; 1823 druckte Goethe selbst in seiner Zeitschrift »Zur Naturwissenschaft überhaupt« einen Aufsatz von Schultz über die Physiologie des Auges ab.

Die zwei Periodika, die er im Alter schuf, bestritt Goethe überwiegend mit eigenen wissenschaftlichen, essayistischen und gelegentlich dichterischen Werken. Das eine, fast ausschließlich der Literatur und Kunst vorbehaltene war die Zeitschrift »Über Kunst und Alterthum«, die von 1816 bis 1832 erschien; das andere aber diente Goethes unvermindert anhaltenden naturwissenschaftlichen Interessen und trug den Titel »Zur Naturwissenschaft überhaupt, besonders zur Morphologie«. Es erschien in sechs Heften von 1817 bis 1824. Goethe diskutierte hier Forschungsergebnisse in der Biologie, der vergleichenden Anatomie, der Geologie, der Mineralogie und der Optik und trug seine eigenen Beobachtungen und Experimente vor. Eine der großen wissenschaftlichen Kontroversen der Zeit betraf den Ursprung der Gesteine und die Kräfte, die bei ihrer Gestaltung wirksam gewesen sein mögen. Die Welt der Naturforscher spaltete sich in zwei Lager: die einen, die sogenannten Neptunisten – zu ihnen gehörte Goethe – vertraten die Ansicht, die langfristig wirkende, verwandelnde Kraft des Wassers habe die Erdentwicklung entscheidend bestimmt; die anderen – Vulkanisten oder Plutonisten genannt – sahen die Ursache in vulkanischen Eruptionen. Im zweiten Teil des »Faust« findet sich ein Reflex dieses Streits. Für Goethe handelt es sich dabei nicht um ein Spezialproblem, vielmehr war sein ganzes Denken über gesetzmäßige, evolutionäre Abläufe in der Natur davon berührt; selbst seine ablehnende Haltung gegenüber den Revolutionen von 1789 und 1830 stand dabei auf dem Prüfstand: mit unkalkulierbaren Umbrüchen, sei es in der Natur, sei es in der Geschichte konnte er sich nicht abfinden. Seine intensive Teilnahme am wissenschaftlichen Gespräch brachte nicht nur viele Naturwissenschaftler in sein Weimarer Haus; die Sommeraufenthalte in den böhmischen Bädern wurden vielmehr auch zu naturkundlichen Exkursionen in die umgebende Bergwelt genutzt. Dabei ließ er sich zumeist von genauen Kennern der Gegend wie Joseph Sebastian Grüner aus Eger begleiten und hielt engen Kontakt zu den Montanwissenschaftlern an der Bergakademie Freiberg in Sachsen, die mitunter zu Besuchen nach Karlsbad hinüberkamen. Als der berühmte Freiberger Geologe Abraham Gottlob Werner 1817 starb, beklagte Goethe seinen Tod als einen schweren Verlust für die Anhänger des Neptunismus. Allerdings war um diese Zeit der alte Streit in der Fachwelt schon abgeflaut, die genauere Kenntnis der Gesteine und ihrer Entstehung widerlegte die Neptunisten, ohne die Vulkanisten in allem zu bestätigen. Das Haus am Frauenplan zu Weimar bewahrt noch heute eine große Gesteinssammlung, die Goethe überwiegend selbst zusammentrug. Ein Kristallstein, das Nadeleisenerz, trägt ihm zu Ehren den Namen »Goethit«.

Die erste literarische Werkgruppe, die Goethe, nachdem die Hauptarbeit am »West-östlichen Divan« getan war, weiterführte, waren die autobiographischen Schriften: nach dem Ausgreifen ins Universale konzentriert sich der Dichter wieder auf wesentliche Abschnitte seines eigenen Lebens. Er konzipiert die »Tag- und Jahreshefte«, eine erzählende Chronik, die für jedes einzelne Jahr von 1789 bis 1822 wichtige Ereignisse, Begegnungen, Arbeitsergebnisse in Poesie und Wissenschaft auf wenigen Seiten festhält und sich zu einem summarischen Rechenschaftsbericht über das eigene Tun rundet. Zwei eigene Schriften widmen sich den Ereignissen, die Goethe am nächsten an die Französische Revolution heranführten: 1822 erschien die »Campagne in Frankreich«, die den Krieg von 1792, im selben Jahr die »Belagerung von Mainz«, die die Kapitulation der dort regierenden Jakobiner 1793 darstellen.

Länger ziehen sich die Arbeiten am dritten Teil der »Italienischen Reise« hin, erst 1829 wird er abgeschlossen. Höchst wirkungsvoll beendet Goethe das Werk nicht etwa mit der Rückreise und ihren einzelnen Stationen, vielmehr gelten die letzten Seiten dem Abschied von der Ewigen Stadt selbst, die der Dichter noch einmal allein in einer Vollmondnacht durchwandert: »Die großen Lichtmassen, klar wie von einem milden Tage beleuchtet, mit ihren Gegensätzen von tiefen Schatten, durch Reflexe manchmal erhellt, zur Ahnung des Einzelnen, setzen uns in einen Zustand wie von einer anderen, einfachern größern Welt.« Im Abschied von Rom formuliert der nun achtzigjährige Dichter noch einmal seine Vision der Antike. Den vierten Teil von »Dichtung und Wahrheit«, der die letzte Frankfurter Zeit bis zur Übersiedelung nach Weimar im Herbst 1775 behandelt, konnte er zwar 1831 noch fertigstellen, aber sein Erscheinen erlebte er nicht mehr.

Mit der Gedächtnisarbeit, die das Kontinuum des eigenen Lebens konstruiert und darin ein Widerlager gegenüber den raschen Wandlungen der Gegenwart gewinnt, schafft sich Goethe den festen Grund, von dem aus sich eben diese Gegenwart in freier Souveränität dichterisch gestalten läßt. Für den Roman »Wilhelm Meisters Wanderjahre oder Die Entsagenden«, der in erster Fassung 1821, in zweiter Fassung 1829 bei Cotta erschien, wählte Goethe eine neue Form; den Rahmen gibt ein großes Auswanderungsprojekt, das von Mitgliedern der aus den »Lehrjahren« vertrauten Turm-Gesellschaft betrieben wird, innerhalb dieses Handlungsgerüsts aber finden sich Novellen, Aphorismen-Reihen und Episoden, die inhaltlich mit dem Projekt nichts zu tun zu haben scheinen, deren Funktion vielmehr ist, die Voraussetzungen und Risiken eines jeden von einer Gemeinschaft getragenen Unternehmens in Geschichten zu spiegeln und gedanklich zu erfassen. Mit dieser weitgehenden Ersetzung des erzählerischen Nacheinander durch eine Komposition des Nebeneinander weist Goethes Altersroman weit in die Moderne voraus.

Modern sind aber auch die Themen, die das Buch aufgreift: es wendet sich jüngsten technischen Entwicklungen in Industrie und Landwirtschaft zu, berührt soziale Probleme wie den drohenden Pauperismus – schon zehn Jahre später wird er den Regierungen in ganz Europa zu schaffen machen –, erprobt eine neue Pädagogik, um junge Menschen für die neue Zeit charakterlich zu bilden, und führt eine Reihe psychologischer Fallstudien vor, in denen die Gemeinschaftsfähigkeit selbst auf die Probe gestellt wird. Das fünfundzwanzig Jahre zuvor in den »Lehrjahren« formulierte Ideal einer ihre Natur voll ausbildenden Persönlichkeit muß der Forderung nach Selbstbegrenzung und Selbstbeschränkung weichen: dem gemeinsamen Auswanderungswillen aller Beteiligten korrespondiert die spezifische, ja oft äußerst eng ausgelegte, aber unübertreffliche Kompetenz, die jeder für die gemeinsame Aufgabe notwendig mitbringen muß. Goethe nimmt hier das Prinzip der Arbeitsteilung vorweg, das wenig später die heraufziehende Industriegesellschaft kennzeichnen wird.
Noch ehe Heinrich Heine das »Ende der Kunstperiode« als das Ende der von Goethe dominierten Epoche ausrufen wird, hat Goethe in den »Wanderjahren« – und gerade dies unterscheidet den Altersroman von »Wilhelm Meisters Lehrjahren« – schon selbst die künstlerische Gestaltung der neuen, der von sozialen Fragen beherrschten und belasteten Epoche eingeleitet. Und es gehört zur Modernität dieses Buchs, daß die Vereinigten Staaten von Amerika in ihm nicht eine imaginierte und illusionäre, sondern eine reale Kontrastfolie zum alten Europa und seinen Problemen bilden. Neben der Arbeit an den »Wanderjahren« stellt Goethe 1827 die »Novelle« fertig, die mit dem Thema der Zähmung und Selbstbezähmung das Entsagungs-Motiv der »Wanderjahre« in gleichsam auskristallisierter Form vor den Leser hinstellt.
Wie seit 1818 wieder Jahr für Jahr reiste Goethe im Sommer 1821 nach Böhmen und verbrachte vier Wochen in Marienbad. Jetzt lernte er die siebzehnjährige Ulrike von Levetzow und deren zwei jüngere Schwestern kennen, die gemeinsam mit ihrer dem Dichter schon von früher her bekannten Mutter Amalie von Levetzow im selben Haus wie er Quartier genommen hatten. Goethe fand Gefallen an dem jun-

gen Mädchen, wenngleich sie weder von seinem dichterischen Werk die geringste Ahnung hatte noch sich sonderlich für seine böhmischen Steinfunde interessierte. 1821 schenkt er ihr die »Wanderjahre« mit einer recht konventionellen Widmung, als man sich im nächsten Jahr am selben Ort wieder trifft, erhält sie die »Campagne in Frankreich« – der Vierzeiler, den er eingetragen hat, verrät nichts von einer heftigen Neigung.

Im Winter 1822/23 werden mitunter Briefe gewechselt, die Ulrikes Anhänglichkeit an den alten Ferienfreund beweisen, mehr nicht. Goethe spricht von »töchterlichen Gesinnungen«, und das trifft das Richtige. Er sehnt sich ein wenig nach den Sommerwochen und nach dem heiteren Verkehr mit der Familie von Levetzow, der dann tatsächlich im Sommer 1823 wieder aufgenommen wird. Diesmal wohnt Großherzog Carl August im selben Haus wie die Levetzows, Goethe hat eine Wohnung im gegenüberliegenden, der »Goldenen Traube«, bezogen. Jetzt erst wird deutlich, daß ihn eine heftige Leidenschaft für Ulrike gepackt hat, er sucht ihre Nähe, wo immer sich Gelegenheit bietet, und das sind die kleinen Hausbälle, mit denen sich die Sommergäste das Kurleben verschönern: »So sahst du sie im frohen Tanze walten, / Die lieblichste der lieblichsten Gestalten.«

Goethes so penibel geregelter Tagesablauf gerät in Unordnung, der Dichter fühlt sich neu belebt, »sowohl der Körper als der Geist« (an Knebel, 11. Juli 1823). Wenig später hält Großherzog Carl August in Goethes Namen bei der Mutter um Ulrikes Hand an. Man antwortet hinhaltend, schonend, Goethe geht für einige Tage nach Eger und trifft Ende August in Karlsbad wieder mit den Levetzows zusammen. Sein 74. Geburtstag wird ein gemeinsam begangenes Fest mit einem reichen Programm. Natürlich wußte er, was Mutter und Tochter bewegte. Am Geburtstag schenkt er ihnen ein altes, von 1818 stammendes Gedichtmanuskript, das zum »Divan« gehört:

> »Die Jahre nahmen dir, du sagst, so vieles:
> Die eigentliche Lust des Sinnenspieles,
> Erinnerung des allerliebsten Tandes

Von gestern, weit und breiten Landes
Durchschweifen frommt nicht mehr; selbst nicht von oben
Der Ehren anerkannte Zier, das Loben
Erfreulich sonst. Aus eignem Tun Behagen
Quillt nicht mehr auf, dir fehlt ein dreistes Wagen!
Nun wüßt ich nicht was dir Besondres bliebe?«

Mir bleibt genug! Es bleibt Idee und Liebe!

Am 5. September 1823 waren die Karlsbader Tage vorbei, und Goethe wird Ulrike nie wieder sehen, ja von nun an überhaupt nicht mehr in die böhmischen Bäder reisen. Siebenundfünfzig Jahre Altersunterschied: als Gerüchte über Goethes ernsthafte Absichten auf Ulrike nach Weimar drangen, schüttelte man die Köpfe, und besonders taten das August und Ottilie von Goethe.

Was diese Trennung aber für Goethe wirklich bedeutete, das spricht jenes Gedicht aus, das er auf dem Rückweg von Karlsbad nach Weimar verfaßte und das als »Marienbader Elegie« in die Weltliteratur eingegangen ist. Wie eine Trennung vom Leben selbst muß der Dichter den definitiven Abschied von Ulrike von Levetzow erfahren haben: »Mir ist das All, ich bin mir selbst verloren«. Alles ist hier in den Schmerz des Verlusts getaucht: selbst die Religion, selbst die Goethe so vertraute Natur mit ihren Metamorphosen. Als der Dichter später die »Trilogie der Leidenschaft« zusammenstellte, gab er der »Marienbader Elegie« den mittleren Platz, davor aber setzte er das Gedicht »An Werther«, als wollte er andeuten, daß das Marienbader Ereignis hart an ein Werther-Schicksal streifte. Der seelische Schmerz löste im Herbst 1823 nach der Rückkehr eine schwere Erkrankung aus, die Goethes Umwelt wochenlang in große Sorgen stürzte. Zelter eilte aus Berlin herbei, und Goethe ließ sich von ihm die Elegie immer wieder vorlesen, den wirklichen körperlichen Schmerz bekämpfte er mit dem im Gedicht gefaßten.

Neben der »Marienbader Elegie« gelangen ihm viele weitere, unvergleichliche Altersgedichte: 1827 der Zyklus »Chinesisch-deutsche

Jahres- und Tageszeiten«, im Jahr darauf, während eines Aufenthaltes auf den Dornburger Schlössern bei Jena, »Dem aufgehenden Vollmonde« und »Dornburg, September 1828«, um nur einige zu nennen. Von Anfang Juli bis Anfang September 1828 zog Goethe sich auf die Dornburger Schlösser zurück, um in Stille und Einsamkeit auf seine Art Abschied von Carl August zu nehmen: am 14. Juni war der Großherzog gestorben. Mehr als ein halbes Jahrhundert hatte Goethe in nächster Nähe des Fürsten verbracht, seine Stärken und seine Schwächen in den verschiedensten Situationen genau kennengelernt, an seiner Lebensleistung entscheidend mitgewirkt. Und er wußte, was er seinerseits der Großzügigkeit und der Freundschaft Carl Augusts zu verdanken hatte. Goethe hat keinen Nachruf auf ihn geschrieben. Er schlug einen anderen Weg ein, um den Verstorbenen zu ehren. Am 18. Juli verfaßte er in Dornburg einen Brief an den leitenden Weimarischen Minister Friedrich August von Beulwitz. Vom Allernächsten, den Schlössern und ihrem Blumenschmuck ausgehend, läßt der Schreibende seinen Blick immer weiter über die umgebende, sorgsam angebaute und fruchtbare Landschaft schweifen und entwirft dabei eher eine paradiesische, friedliche Gegend, als daß er eine reale wiedergäbe. Der Fürst als ein weiser und milder, dabei zugleich kluger Kultur- und Zivilisationsbringer für sein Volk: das ist Goethes Fürstenideal, in diesem Sinne feiert er auf indirekte Art Carl August und seine Vorfahren. Zugleich fordert er damit die Nachfolger auf, auf diesem Weg fortzufahren.

Es geht hier gar nicht um die Individualität des Verstorbenen, vielmehr wird ein Modell entworfen und auf ihn projiziert. Goethe zweifelt am Ende des Briefes selbst, ob er eine angemessene Form, seine Teilnahme auszudrücken, gefunden habe. Ebenso gut könnte man das Schreiben als einen Lehrbrief oder einen kaum verschleierten »Fürstenspiegel« deuten. In Wahrheit war ja Carl August keineswegs der Inbegriff des idealen Fürsten. Aber Goethe statuiert, daß er dem Wesen nach dazu disponiert gewesen sei, schmilzt die Schlacken heraus und weist auf ein vollendetes Ergebnis seiner Herrschaft hin.

Der Goethe der letzten Weimarer Jahre bewegt sich nur noch in der näheren Umgebung, aber immer mehr Welt scheint in sein Blickfeld zu geraten. Stärker als je zuvor meldet sich sein Interesse an den Literaturen aller Erdteile, und zwar besonders der zeitgenössischen. Chinesisches und Indisches kommt ihm in die Hand, auch zur klassisch-arabischen und persischen Literatur greift er noch gelegentlich, auch wenn mit dem Abschluß des »Divan« dieses Element allmählich zurücktritt.

Mit den Vereinigten Staaten von Amerika hatte sich Goethe anläßlich von »Wilhelm Meisters Wanderjahren« wieder einläßlich beschäftigt; 1826 kehrte Herzog Bernhard von Weimar, Carls Augusts zweiter Sohn, von einer langen Reise durch Nordamerika zurück, und Goethe ließ sich von ihm gründlich über die dortigen Zustände berichten: die sozialen Verhältnisse, die großen Projekte zur Erschließung des Landes, das Bildungs- und Universitätswesen. 1827 liest er James Fenimore Coopers Roman »Die Prärie«, wohl besonders durch seinen Sohn angeregt, der ein begeisterter Cooper-Leser war. Persönliche Beziehungen unterhielt der Dichter zur Harvard University, und zwar über den dortigen Professor für Mineralogie und Geologie, Joseph Green Cogswell. Cogswell hatte Goethe 1819 besucht, und noch im selben Jahr schenkte der Dichter der Bibliothek der Universität seine sämtlichen bis dahin erschienenen dichterischen und wissenschaftlichen Werke, mit einem anerkennenden Brief zum Engagement der Hochschule für die Künste und die Wissenschaften.

Goethes besondere Aufmerksamkeit auf alles, was er von Amerika erfahren konnte, hängt vermutlich auf verborgene Weise mit seinem skeptischen Geschichtsverständnis zusammen: hier konnte man eine Zivilisation, eine Gesellschaft, ein Staatengebilde in der Frühgeschichte ihres Entstehens beobachten, dabei leichter aus dem Vielschichtigen und Komplexen ein einfaches Grundmuster, ein Modell gewinnen und Geschichte in Analogie zu einer Naturgegebenheit interpretieren, ja, man konnte sie sogar konstruieren, wenn man bei der Zusammenstellung einer Auswanderungsgesellschaft nur nach den richtigen Grundsätzen verfuhr.

In einer Notiz aus dem Nachlaß hielt Goethe einmal fest: »Was man Motive nennt, sind also eigentlich Phaenomene des Menschengeistes, die sich wiederholt haben und wiederholen werden«; eben dies, daß

im Feld der Geschichte nicht alles als einmalig und zufällig anzusehen ist, sondern daß es sich wiederholende Grundmuster geben könnte, fesselte ihn. Auch sein in den zwanziger Jahren wieder erwachendes gesteigertes Interesse an Volksliedern ist davon bestimmt.
Der alle klassisch gebildeten Europäer erregende Freiheitskampf der Griechen gegen die Türken lenkte die Blicke auf den Balkan und in den europäischen Südosten. Volkspoesie aus Epirus, Serbien, Griechenland wurde gesammelt und kam auch Goethe vor Augen. Einige dieser Texte hat er mehr umgedichtet als übersetzt und dabei besonders das, was er »Motive« nennt, herausgearbeitet. Was zwei Generationen zuvor Johann Gottfried Herder in universalem Maßstab angeregt hatte, was Clemens Brentano und Achim von Arnim auf ihre Weise mit »Des Knaben Wunderhorn« weitergeführt hatten, erweist noch in den zwanziger Jahren seine anregende Kraft.
»Nationalliteratur will jetzt nicht viel sagen, die Epoche der Weltliteratur ist an der Zeit«, bemerkt Goethe im Januar 1827 gegenüber Eckermann. Was für die »Stimmen der Völker in Liedern« (Herder) gilt, daß die Volkslieder nämlich nach Themen und Motiven über den ganzen Globus wandern, das beginnt nun die Literatur schlechthin zu erfassen. Durch vermehrte Sprachkenntnisse und durch Übersetzungen verschwindet der begrenzte nationale Horizont, der wechselseitige Einfluß der Literaturen aufeinander, den es freilich in begrenztem Maße immer gegeben hat, gewinnt eine neue Dynamik. Daß Goethe besonders disponiert war, diese Entwicklungen im Alter wahrzunehmen, hängt mit seinem längst die Grenzen überschreitenden eigenen Ruhm zusammen. So beobachtet er sorgfältig, was sich in England, Frankreich und Italien tut. In England sammelte sich eine Gemeinde von Goethe-Verehrern um Thomas Carlyle, Goethe seinerseits beschäftigte sich ausführlich mit den Werken Lord Byrons und Walter Scotts. Über Frankreich hielt er sich als regelmäßiger Leser der Zeitschrift »Le Globe« auf dem laufenden, seinem wachen Blick entging keiner der jüngeren französischen Autoren.
Mit Balzac, Casimir Delavigne, Prosper Merimée und Victor Hugo befaßt er sich, und noch im letzten Lebensjahr liest er Stendhals »Rot und Schwarz«. »Doch kann ich nicht leugnen«, läßt ihn Eckermann

sagen, »daß einige seiner Frauencharaktere ein wenig zu romantisch sind. Indes zeugen sie alle von großer Beobachtung und psychologischem Tiefblick, so daß man denn dem Autor einige Unwahrscheinlichkeiten des Details gern verzeihen mag.« Sogar der antibourbonischen, politisch-kritischen Lyrik Pierre Jean de Bérangers vermag er etwas abzugewinnen, der Dichter habe sich darin »als Wohltäter seiner Nation« erwiesen: »Nach der Invasion der Alliierten fanden die Franzosen in ihm das beste Organ ihrer gedrückten Gefühle. Er richtete sie auf durch vielfache Erinnerungen an den Ruhm der Waffen unter dem Kaiser, dessen Andenken noch in jeder Hütte lebendig und dessen große Eigenschaften der Dichter liebt, ohne jedoch eine Fortsetzung seiner despotischen Herrschaft zu wünschen.« (Zu Eckermann, 4. Mai 1827).

Eigentlich hätte Heine und den Dichtern des Vormärz gefallen müssen, wie ein Vergleich der deutschen mit der französischen Dichtung gegen 1830 bei Goethe ausfiel, da man aus ihm eine Kritik der Metternichschen, repressiven Innenpolitik und eine Aufforderung zum Protest herauslesen kann: »Die deutsche Poesie bringt, man darf nur die tagtäglichen Productionen und die beiden neuesten Musenalmanache ansehen, eigentlich nur Ausdrücke, Seufzer und Interjectionen wohldenkender Individuen. Jeder Einzelne tritt auf nach seinem Naturell und seiner Bildung; kaum irgend etwas geht ins Allgemeine, Höhere; am wenigsten merkt man einen häuslichen, städtischen, kaum einen ländlichen Zustand; von dem, was Staat und Kirche betrifft, ist gar nichts zu merken (...) Ich spreche es nur deshalb aus, um zu sagen: daß die französische Poesie, so wie die französische Literatur sich nicht einen Augenblick von Leben und Leidenschaft der ganzen Nationalität abtrennt, in der neuesten Zeit natürlich immer als Opposition erscheint und alles Talent aufbietet, sich geltend zu machen, um den Gegenteil niederzudrücken, welcher dann freilich, da ihm die Gewalt verliehen ist, nicht nötig hat, geistreich zu sein.« (An Eduard Hitzig, 11. November 1829).

Aus demselben Grund findet auch die italienische Romantik bei Goethe viel Zustimmung. Der größte Fürsprecher für das Werk Alessandro Manzonis in Deutschland, und zwar nicht nur des Romans

»Die Verlobten«, war niemand anderer als eben Goethe. Die Zeitschrift »Über Kunst und Altertum« ist – neben den späten Briefen und den Gesprächen – ein Spiegel dieser Bemühungen, den deutschen Horizont entschieden zu öffnen. Demgegenüber spielt es keine Rolle, daß die Wertungen und Gewichtungen aus heutiger Sicht oft anfechtbar sind und daß er manches Bedeutende, etwa Giacomo Leopardi, gar nicht wahrgenommen hat. Auch blieb sich Goethes Urteil über einzelne moderne Dichter jenseits der Grenzen nicht immer gleich, wie etwa die anfangs wohlwollenden, später sehr kritischen Äußerungen über Victor Hugo zeigen. Gleichwohl bleibt es erstaunlich, mit welcher Wachheit der Achtzigjährige auf das literarische Leben ringsum in Europa reagiert.

Die häuslichen Verhältnisse am Frauenplan blieben freilich problematisch und wurden immer problematischer. August von Goethe litt an der Seite Ottilies und verfiel physisch und psychisch immer mehr. Um diesen Abstieg aufzuhalten und August womöglich auch vom Alkoholismus zu befreien, stimmte der Vater einer Italienreise des Sohnes zu. Nicht leichten Herzens, denn August war trotz seines Zustands beinahe unentbehrlich, sowohl in den Beziehungen zum Hof, für den er tätig war, als auch in den Angelegenheiten der Haushaltsführung, ja sogar für das Vorantreiben der Ausgabe letzter Hand.

Im April 1830 brach der inzwischen Vierzigjährige auf, begleitet von Eckermann, der immerhin bis Genua mitfuhr. August nahm in Livorno das Schiff nach Neapel, von wo er sich nach Norden wandte und schließlich Mitte Oktober nach Rom kam. Zwei Wochen später ist er tot, gestorben an einer heute nicht mehr eindeutig zu diagnostizierenden Krankheit. Verehrer Goethes in Rom, unter ihnen Bertil Thorvaldsen, hatten sich des Kranken liebevoll und fürsorglich angenommen. Am 10. November 1830 erreichte die Nachricht Weimar und das Haus am Frauenplan. Sie erschütterte den Vater so sehr, daß er, wie schon früher in ähnlichen Fällen, mit körperlicher Erkrankung reagierte. Thorvaldsen bot alsbald an, dem Verstorbenen ein Grabdenkmal er widmen, und der Vater formulierte die Inschrift, die er am 29. Juli 1831 nach Rom sandte: »Goethe Filius Patri antevertens« – eine bewußte Anspielung auf die Stelle in den »Römischen

Elegien«, in der es heißt: »(...) und Hermes führe mich später / Cestius' Mal vorbei leise zum Orkus hinab«. Auf dem protestantischen Friedhof nahe der Cestius-Pyramide in Rom fand August von Goethe seine letzte Ruhestatt. Auf den Vater aber fiel im 81. Lebensjahr noch einmal die ganze Last der Lebensverwaltung und der Lebensvorsorge für die Schwiegertochter und die Enkel: »Hier nun allein kann der große Begriff der Pflicht uns aufrecht erhalten. (...) Der Körper muß, der Geist will, und wer seinem Wollen die notwendigste Bahn vorgeschrieben sieht, der braucht sich nicht viel zu besinnen.« (An Zelter, 21. November 1830).

In der Pflicht sah sich auch immer noch der Dichter. Das letzte poetische Werk, das noch nicht vollendet war, ist zugleich der Konzeption nach das älteste und reicht in seinen Anfängen bis in die Frankfurter Jugendzeit zurück: der »Faust«. Der erste Teil lag seit 1808 im Druck vor, vom zweiten hingegen war noch nicht allzu viel geschrieben, als der Dichter im Februar 1825 die fertigen Teile und die Vorarbeiten wieder vornimmt, um sie von nun an nicht mehr aus den Augen zu verlieren, sondern an die Spitze des noch zu Leistenden zu stellen. Bereits um 1800 hatte Goethe an zwei zentralen Motivkomplexen gearbeitet, die vom ersten in den zweiten Teil des »Faust« hinüberweisen. Der erste »Faust«-Druck, »Faust. Ein Fragment« aus dem Jahr 1790 kannte weder den »Prolog im Himmel« noch jene Szene, in der Faust mit Mephisto Vertrag und Wette eingeht. Bevor Goethe diese beiden Wetten, die zwischen Gott und Mephisto und die zwischen Faust und Mephisto, 1808 veröffentlichte, mußte darüber Klarheit gewonnen sein, wie sie ausgehen sollten. Daher gehören einige der Szenen des fünften Aktes des zweiten Teils zu den ältesten, sie sind im Zusammenhang mit den beiden Wetten-Szenen des ersten Teils um 1800 entstanden.

Ebenfalls bereits um 1800 hatte Goethe am Helena-Akt, dem dritten Akt des zweiten »Faust«-Teils, gearbeitet. Seit dem Entstehen der Faust-Sage im 16. Jahrhundert gehört zu ihrem festen Bestand, daß der Teufelsbündler mit Helena zusammenlebte und mit ihr einen Sohn hatte. Für Goethe war es von vornherein ausgemacht, daß in seinem »Faust« diese Episode nicht fehlen durfte. Damals plante er,

Helena in ein mittelalterliches Deutschland zu versetzen und sie auf einem Schloß am Rhein Faust begegnen zu lassen. Erst bei der späten Ausführung ab 1825 entschloss er sich, Faust nach Griechenland zu versetzen. Schon die frühen Entwürfe verbinden den antiken Dramensprechvers, den jambischen Trimeter, mit deutschen Reimversen – in der ausgeführten Fassung wird dann Faust seine antikische Geliebte in die Kunst des Reimens einführen.

Nach dem Erscheinen des ersten Teils tritt zunächst eine lange Unterbrechung ein, erst aus dem Jahr 1816 liegt wieder ein handschriftliches Zeugnis vor, das den ersten und den dritten Akt des zweiten Teils, so wie sie Goethe damals vorschwebten, recht ausführlich in Prosa skizziert, vom zweiten Akt – der klassischen Walpurgisnacht – und vom vierten – dem Krieg des Kaisers mit dem Gegenkaiser – noch gar nichts weiß und vom fünften, dem Schlußakt, nichts verrät, außer daß Faust zu Reichtum und Macht gelangt: »Indessen altert er, und wie es weiter ergangen, wird sich zeigen.« Von der Wiederaufnahme der Arbeit bis zum Abschluß vergingen mehr als sechs Jahre. Am 22. Juli 1831 kann der Dichter erleichtert notieren: »Das Hauptgeschäft zustande gebracht.«

Die Arbeit schreitet nicht gleichmäßig von Szene zu Szene, von Akt zu Akt vor, vielmehr werden parallel einzelne Teile ausgearbeitet und die Konzeption des Ganzen entwickelt. Zunächst richtet sich das Augenmerk vor allem auf die Teile, zu denen die meisten Vorarbeiten existieren, den fünften und den dritten Akt. Unter dem Titel »Helena. Klassisch-romantische Phantasmagorie, Zwischenspiel zu Faust« hat der Dichter 1827 den dritten Akt dann vorab veröffentlichen können. Was im ersten Akt vor sich gehen sollte, knüpft an die alte, vorgoethesche Faust-Überlieferung an. Der Zauberer erscheint mit seinem höllischen Gefährten am Kaiserhof und beschwört für einen kurzen Augenblick Helena und Paris aus der Unterwelt herauf. Zu ihrem eigenen Verderben vertrauen der Kaiser und seine höchsten Ratgeber den Vorschlägen der beiden zur Stabilisierung des Reiches, so zum Beispiel mit der Einführung des Papiergeldes, das angeblich durch im Boden vergrabene alte Schätze gedeckt sein sollte.

Der zweite und der vierte Akt sind in sich zwar reich und vielfältig

gegliederte Einheiten, zugleich aber bereiten sie die bereits weitgehend ausformulierten jeweils folgenden Akte vor. Zunächst galt es, den in Helena verliebten Faust nach Griechenland zu schaffen: das bringt Homunculus, das Menschlein, fertig – ein Retortenprodukt aus dem Labor des zum Chemiker und Biowissenschaftler gewordenen Assistenten Wagner.
Homunculus errät die Träume des bewußtlos liegenden Faust und weiß, daß sie nur in Griechenland Erfüllung finden können. Er überredet Mephisto, dorthin zu dritt zu reisen. Goethes Arbeitstitel für die nun folgende Klassische Walpurgisnacht auf dem Feld der Schlacht bei Pharsalus heißt »Antezedentien zu Helena« – »was dem Auftreten Helenas vorangeht«. Damit zielt er auf den expositorischen Charakter des zweiten Aktes für den dritten. Es geschieht allerdings weit mehr, als zur Vorbereitung des Helena-Aktes unbedingt notwendig wäre. Mythologie, Natur, Kunst, Wissenschaft und Geschichte geben sich in dieser Zaubernacht ein Stelldichein, die Zeit wird suspendiert, um die Ursprünge alles Werdens und Entstehens sichtbar zu machen. Der Akt gipfelt in einem Meeresfest mit dem Auftritt Galateas auf ihrem Muschelwagen. Mit einem Hymnus aller auf die vier Elemente fällt nach fast eintausendfünfhundert Versen der Vorhang wie nach einem Opernfinale, um vor dem Palast des Menelas zu Sparta wieder in die Höhe zu rauschen, vor dem Akt, der in der Verbindung von Helena und Faust das Klassische mit dem Romantischen vermählt.
An den vierten Aufzug ging Goethe zu allerletzt. Er spielt wieder im Heiligen Römischen Reich, das Faust und Mephisto in Anarchie und Krieg finden. Mit Hilfe mephistophelischer Künste erringt der Kaiser einen glänzenden Sieg über seine Gegner, ohne doch an Macht zu gewinnen. Die Fülle der kaiserlichen Rechte erhalten die Kurfürsten – und die Kirche – als Buße für den Pakt mit den beiden Zauberern. Der eigentliche Gewinner aber ist Faust, mit der Verleihung der Küstenstreifen des Reichs ist der Grund zu seiner eigenen Macht, seinem eigenen Reichtum gelegt. Im Schlußakt stirbt, nach einem letzten, schweren Vergehen, der hundertjährige Faust, und zwar in dem Wahn, auf eingedeichtem Neuland ein Reich der Freiheit und des

Friedens errichtet zu haben. Die zwei Schlußszenen – »Grablegung« und »Bergschluchten, Wald, Fels« – zeigen, wie Mephisto beide Wetten verliert und Faust erlöst wird.

Goethe siegelte das fertige Werke ein und ordnete an, daß es erst nach seinem Tode veröffentlicht werden sollte: »Ganz ohne Frage würd es mir unendliche Freude machen, meinen werten, durchaus dankbar anerkannten, weit verteilten Freunden auch bei Lebzeiten diese sehr ernsten Scherze zu widmen, mitzuteilen und ihre Erwiderung zu vernehmen. Der Tag aber ist wirklich so absurd und confus, daß ich mich überzeuge, meine redlichen, lange verfolgten Bemühungen um dieses seltsame Gebäu würden schlecht belohnt und an den Strand getrieben, wie ein Wrack in Trümmern daliegen und von dem Dünenschutt der Stunden zunächst überschüttet zu werden«, schrieb der Dichter dazu am 17. März 1832 an Wilhelm von Humboldt.

Fünf Tage später, am 22. März 1832, starb er. Nach brieflichen Berichten scheint es am 26. März, bei der Überführung auf den Friedhof und der Beisetzung in der Fürstengruft, recht tumultuarisch zugegangen zu sein. Die Grabrede hielt der Generalsuperintendent Röhr. »Es war schneidend kalt und ein rauher Wind. Überall erzählte man von den Ungezogenheiten des Volkes.« (Wilhelmine Schütze, Tagebuch, 26. März 1832).

Röhr, kein großes Licht und ohne jedes Verhältnis zu Goethe, sagte in seiner Predigt, der einzigen Rede, die gehalten wurde, unter anderem: »Was irdisch an dir war, geben wir der Erde wieder, und mit der sinnlichen Hülle, mit welcher du unter uns wandeltest, begraben wir zugleich die menschlichen Schwachheiten und Gebrechen, durch welche du auch an deinem Teil der Natur ihre Schuld bezahltest. ›Wenn der Mensch‹, sprachst du selbst, ›wenn der Mensch über sein Körperliches und Sittliches nachdenkt, findet er sich gewöhnlich krank. Wir leiden alle am Leben. Wer will uns, außer Gott, zur Rechenschaft ziehen? Tadeln darf man keinen Abgeschiedenen. Nicht was sie gefehlt und gelitten, sondern was sie geleistet und getan, beschäftige die Hinterbliebenen. An den Fehlern erkennt man den Menschen, an den Vorzügen den einzelnen. Mängel haben wir alle gemein, die Tugenden gehören jedem besonders.‹« Röhr hielt sich etwas darauf zugute,

»über seinen sittlichen Wert mit möglichstem Glimpf hinweggegangen« zu sein, indem er Goethe zitierte. An das Ende eines zweiundachtzig Jahre währenden Lebens, an das Ende *dieses* Lebens, hätte der Nachfolger auf Herders Kanzel einen würdigeren Schlußpunkt setzen können.

Ein Jahr später, zur Ostermesse 1833, erschien als 41. Band der Ausgabe letzter Hand der zweite Teil des »Faust«.

Zehntes Kapitel

Überleben und sich überleben

»Lange leben heißt gar vieles überleben, geliebte, gehasste, gleichgültige Menschen, Königreiche, Hauptstädte, ja Wälder und Bäume, die wir jugendlich gesäet und gepflanzt. Wir überleben uns selbst und erkennen durchaus noch dankbar, wenn uns auch nur einige Gaben des Leibes und Geistes übrigbleiben«, schreibt Goethe mit dreiundsiebzig Jahren Ende Oktober 1822 an Auguste Gräfin zu Stolberg, eine Brieffreundin schon des Fünfundzwanzigjährigen.

Goethe hat in der Tat länger gelebt als die meisten seiner Weggefährten: als die ihm befreundeten Dichter der Sturm- und Drang-Zeit; als die, mit denen zusammen er die Grundlagen des klassischen Weimar legte, als viele der Künstler, von deren Entwicklung er Zeuge gewesen war, als viele der Wissenschaftler, mit denen er gemeinsam geforscht hatte, als viele der Frauen, zu denen er sich hingezogen gefühlt hatte. Fast gleichzeitig mit ihm traten auch die noch verbliebenen Freunde von der Lebensbühne ab: 1832 starben Johann Heinrich Meyer und Carl Friedrich Zelter; der »Urfreund« seit der ersten Begegnung mit Carl August, Karl Ludwig von Knebel, folgte ihnen 1834.

Das Denken der meisten, die ihn in seinen letzten Lebensjahren umgaben, mußte ihm, dem Vielerfahrenen, in vieler Hinsicht fremd bleiben. Aber auch die Epoche, seine Zeit mußte sich ihm zunehmend entfremden. Er erlebte es, wie jahrhundertealte Strukturen und Institutionen untergingen: in der Revolutionszeit zwischen 1789 und 1830 sah er ein uraltes und ein ganz junges Kaisertum abdanken, Königreiche, die Napoleon kassierte, Königreiche, die Napoleon gründete, die kamen und wieder verschwanden, so daß dem sein Leben Überblickenden ein Begriff von Dauer mehr und mehr abhanden zu kommen drohte. Nicht einmal das Pflanzen von Bäumen, Martin Luthers eindrucksvolles Bild für ein unerschütterliches Gottvertrauen, bietet Gewähr, etwas Beständiges geschaffen zu haben. Seine Herkunftswelt war untergegangen, und seine Urteile über die Welt im Kommen, deren erste Anzeichen er mit klarem Auge wahrnahm und deren dominierende Tendenzen er noch selbst benannte, sind uneinheitlich. Der Brief an Zelter vom 6. Juni 1825 verrät Distanz und Skepsis gegenüber der neuen Epoche; anknüpfend an eine Bemerkung über eine Oper von Spontini, fährt Goethe fort: »(...) alles aber, mein Teuerster, ist jetzt ultra, alles transzendiert unaufhaltsam, im Denken wie im Tun. Niemand kennt sich mehr, niemand begreift das Element, worin er schwebt und wirkt, niemand den Stoff, den er bearbeitet. Von reiner Einfalt kann nicht die Rede sein; einfältiges Zeug gibt es genug. (...) Junge Leute werden viel zu früh aufgeregt und dann im Zeitstrudel fortgerissen; Reichtum und Schnelligkeit ist, was die Welt bewundert und wornach jeder strebt; Eisenbahnen, Schnellposten, Dampfschiffe und alle möglichen Facilitäten der Kommunikation sind es, worauf die gebildete Welt ausgeht, sich zu überbieten, zu überbilden und dadurch in der Mittelmäßigkeit zu verharren. Und das ist ja auch das Resultat der Allgemeinheit, daß eine mittlere Kultur gemein werde, dahin streben die Bibelgesellschaften, die Lancasterische Lehrmethode, und was nicht alles. (...) Eigentlich ist es das Jahrhundert für die fähigen Köpfe, für leichtfassende praktische Menschen, die, mit einer gewissen Gewandtheit ausgestattet, ihre Superiorität über die Menge fühlen, wenn sie gleich selbst nicht zum Höchsten begabt sind. Laß uns soviel als möglich an der Gesinnung halten, in der wir herankamen, wir werden, mit vielleicht noch wenigen, die letzten sein einer Epoche, die so bald nicht wiederkehrt.«

Goethe wußte, daß er aus einer vergangenen Epoche kam. Aber die Wege, die er einschlug, um sich gleichwohl in der verwandelten Gegenwart zu behaupten, zeigen ihn keineswegs als einen resignierten Konservativen. Er schuf nicht nur in seinen dichterischen Werken Modelle der Bewältigung individueller und sozialer Krisen in Zeiten des Übergangs, wie er sie erlebte, es gelang ihm auch, in der Sprache und in den Strukturen seines Spätwerks noch Ausdrucksmittel bereitzustellen, die weit in die Zukunft reichten. Voraussetzung dafür war, daß ihn die Erscheinungen der Moderne nicht schreckten, sondern herausforderten. Kein Dichter seiner Zeit hat wie er auf die sozialen Krisen seit der Französischen Revolution: die Emigrationswellen, die Auflösung der alten Ständehierarchien, reagiert, keiner wie er sich den schon zu seinen Lebzeiten erkennbar werdenden Problemen moderner Technik gestellt.

Seit seiner Straßburger Studienzeit hielt er enge Verbindung zu den empirischen Wissenschaften, seit seiner frühen Weimarer Ministerzeit mußte er sich mit Fragen der Montantechnik, des Straßen- und Wasserbaus beschäftigen. Auf diesen Fundus konnte er in seiner Spätzeit zurückgreifen. 1824 zollt er dem Begründer einer naturwissenschaftlich unterlegten und die Angebote der Technik nicht verschmähenden Landwirtschaft, Albrecht Daniel Thaer, aus vollem Herzen Anerkennung. Wenige Jahre später verschafft er sich genaueste Informationen über den Bau des Übersee-Hafens in Bremerhaven-Lehe, es »muß uns höchst wichtig sein, eine Unternehmung, die der Weser erst ihre Würde gibt, vorschreiten zu sehen; und wenn an jenem westlichen Ende etwas Bedeutenderes der Art eingeleitet wird, so muß es bis zu uns herauf in die Werra bis Wanfried wirken.« (An Nikolaus Meyer in Bremen, 10. Februar 1829).

Nicht weniger sorgfältig verfolgte er die technische Nutzung der Dampfkraft und das darauf basierende Maschinenwesen. »Wilhelm Meisters Wanderjahre« und der zweite Teil des »Faust« zeigen, daß sich auch seine Dichtung der technischen Moderne nicht verschloß; die Dichtung wurde der Ort, auch ihre Defizite im Humanen und ihre ambivalenten Folgen zur Darstellung zu bringen. Eine rein instrumentelle Betrachtungsweise genügte ihm nicht, und so setzte er alles daran, den Konflikt zwischen zwei Kulturen, einer werteorientierten und einer zweckorientierten, nach Kräften zu verhindern. Und da sich diese Aufgabe den ihm folgenden Generationen immer wieder stellte, hat er zwar vieles und viele überlebt, aber nicht sich selbst. Als eine Gestalt des Übergangs steht er sowohl in der Epoche vor dem Zeitalter der Revolutionen als auch im Zeitalter der Revolutionen selbst. Er vereinigt in sich wie kein zweiter die vom modernen Individuum geforderte psychische und intellektuelle Komplexität: daß ihn sein Künstlertum befähigte, ihr Ausdruck zu verleihen, macht seine Größe aus. Gestalten wie Werther, Faust und Wilhelm Meister, aber auch Iphigenie, Dorothea (in »Hermann und Dorothea«) und Tasso sind ihrer seelischen Struktur nach modern angelegte Charaktere, nicht zuletzt dadurch, daß ihnen sämtlich ein emanzipatorisches Movens innewohnt. Goethe dringt nicht nur im Falle Mignons in seelische Tiefen vor, die der Psychoanalyse noch heute manches Rätsel aufgeben.

Verglichen mit anderen Autoren der Weltliteratur, ist Goethe ein »junger« Klassiker. Obwohl die Befassung mit ihm schon Bibliotheken füllt, ist doch anzunehmen, daß er auch heute noch Antworten auf Probleme gibt, die sich aus unserer Gegenwart heraus stellen. Das aber kennzeichnet einen Klassiker.

Nachwort

Dieses Buch wendet sich an Leser, die mehr über Goethe erfahren wollen, als ein Lexikon-Artikel bieten kann, die aber – noch – nicht eine der umfangreichen Goethe-Biographien in die Hand nehmen mögen. Wenn die Lektüre sie verlockt, sich intensiver mit dem Dichter und seinem Werk zu befassen, so hätte das Buch sein Ziel erreicht. Wenn aber nicht, so wissen sie nach der Lektüre doch so viel über Goethe, wie man über den klassichen Dichter der deutschen Literatur wissen sollte.

Es kam mir nicht darauf an, dem Forscher *neue* Erkenntnisse zu bieten, sehr wohl aber darauf, jedem Interessierten *gesicherte* Erkenntnisse zu vermitteln. Jüngere Arbeiten zu Goethes Biographie – Heinz Nicolais »Zeittafel zu Goethes Leben und Werk« im Band XIV der Hamburger Goethe-Ausgabe, 1960, als Einzeldruck Frankfurt am Main und Hamburg 1964; Robert Steigers »Goethes Leben von Tag zu Tag«, Bd. 1-8, Zürich 1982ff.; Karl Otto Conradys »Goethe. Leben und Werk« Bd. 1 und 2, Königstein/Ts. 1984 und 1985; Nicholas Boyles »Goethe. Der Dichter in seiner Zeit« Band 1, München 1995 – wurden dankbar benutzt, ebenso die reichen Kommentare der Hamburger, Frankfurter und Münchener Goethe-Ausgaben. Für Goethes Briefwerk war die Weimarer Ausgabe unverzichtbar, für seine Gespräche – außer Einzelausgaben der von Johann Peter Eckermann aufgezeichneten »Gespräche mit Goethe in den letzten Jahren seines Lebens«, herausgegeben von Franz Deibel, Leipzig 1921, und des Kanzlers Friedrich von Müller »Unterhaltungen mit Goethe«, herausgegeben von Renate Grumach, 2. durchges. Aufl., München 1982 – »Goethes Gespräche. Eine Sammlung zeitgenössischer Berichte aus seinem Umgang.« Auf Grund der Ausgabe und des Nachlasses von

Flodoard Freiherr von Biedermann ergänzt und herausgegeben von Wolfgang Herwig, Bd. 1–6, Zürich 1962–1972. Ferner boten die drei Bände »Goethe in vertraulichen Briefen seiner Zeitgenossen. Zusammengestellt von Wilhelm Bode«, neu herausgegeben von Renate Otto und Paul-Gerhard Wenzlaff, München 1982, eine wichtige Quellengrundlage.

Wer wissen möchte, wie Goethe selbst seine Lebensbahn deutete, findet in Peter Boerners Darstellung »Johann Wolfgang von Goethe. Mit Selbstzeugnissen und Bilddokumenten«, Reinbek 1964 (jüngste Auflage 1996), eine kenntnisreiche und kluge Darstellung. Indessen sind seit Goethes Tod mehr als eineinhalb Jahrhunderte vergangen, und am Ende des 20. Jahrhunderts sind seine Selbstinterpretationen keine sich von selbst verstehenden Zeugnisse mehr, sie bedürfen vielmehr ihrerseits der Gewichtung und Deutung.

Goethes Werk, Goethes Leben sind nicht zeitenthoben; umso stärker erstaunt und beglückt es, bei der Beschäftigung mit ihm, zu erkennen, was durch die Zeiten hindurchgegriffen hat: nicht nur aus dem Werk, auch von seinen Lebensentscheidungen ist vieles bis heute wirksam geblieben, mitunter ohne daß es uns völlig bewußt wäre; unsere Vorstellungen vom Wesen der Kinder etwa, oder die Festschreibung der klassischen Kunstlandschaft Italien, die Forderung nicht nur nach Toleranz, sondern nach Anerkennung des Fremden, des Anderen, die von ihm entworfenen Beziehungs-Modelle, um nur einiges Wenige zu nennen. Das alles ist der Einzelforschung nicht entgangen, die dem Verfasser denn auch in der reich ausgestatteten Bibliothek des Freien Deutschen Hochstifts speziell zu Goethe zur Verfügung stand. Denen, die seit 1863 an der Entstehung, an der Erhaltung und am Ausbau dieser Bibliothek gearbeitet haben, sei das Buch zugeeignet.